なぜ阪神は勝てないのか？

――タイガース再建への提言

江夏　豊
岡田彰布

角川oneテーマ21

はじめに

阪神こそ我が青春のすべて

江《え》夏《なつ》　豊《ゆたか》

私は、年間１００試合以上、北は札幌から南は沖縄まで、阪神タイガースの試合を記者席から見ている。

18歳でプロ野球という世界に入って、縦ジマの時代は27歳までの9年間だった。精一杯野球をした。思い切り遊びもした。その後の9年間は、南海ではストッパーという新しい道に挑戦し、広島、日本ハムでは優勝、日本一というかけがえのない経験をさせていただいた。野球だけでなく人生の友と呼べる人々との出会いもあった。

しかしＯＢ野球などで、どの球団のユニホームを選ぶかと言われれば、私は当然のように、阪神タイガースの縦ジマの袖《そで》に腕を通す。阪神でプレーした9年間は、我が青春のすべてだった。

本文でも詳しく記しているが、昭和51年に南海への無情のトレード通告を受けた。私は「阪神の江夏」のまま野球人生を終えたいという願望を強く持っていた。その後、南海、広島と球団を移る中で、そういう気持ちはなくなったけれど、野球人生を振り返ってみて、私が次に踏み出す一歩に大きく悩んだのは、この南海へのトレードと、西武を退団して、メジャーリーグのブリュワーズに挑戦したときの2度限りである。

忘れられない屈辱もあった。だが、今思うのは、野球は本当に素晴らしいということだ。現在、私は草野球のチームを持っている。名門高で甲子園を目指しながら、両親の離婚などの家庭崩壊で野球をあきらめざるをえなくなり、一度は少し道を踏み外してしまったような連中もメンバーにいる。野球が本当に好きで私のチームに入ったのだが、野球を通じて礼儀作法や常識、人の情、考えることを学ぶ。可愛い子供たちだ。たかが草野球だが、野球には、そういう喜怒哀楽と、人生に必要なもののすべてが詰まっているのだ。

私は、お世話になっているデイリースポーツ紙上の『野球道』でハッキリと意見を述べる。いいものはいい。悪いものは悪い。ときには厳しいメッセージとなることもある。

例えば、甲子園の応援団へ「打たれた投手に対して『蛍の光』を演奏することをやめて欲しい」と書いた。『蛍の光』が意味するところは、そういうことではない。打たれた投手、野球選手を侮辱する行為である。ブーイングならいい。だが『蛍の光』は違うのだ。私は、いつも、あの歌が流れるのを悲しい気持ちで聞いていた。その後、私の意見が少し受け入れられ、演奏するケースの限定という形で反映されたらしいが、まだ完全になくなったわけではない。阪神を見習ったのか高校野球の応援団まで使うチームがある。応援団の中には、私の意見への反論もあるらしいが、今でも全面的に止めて欲しいと思っている。

だが、こういうやりとりのすべてでも、我がふるさと、阪神タイガースを愛するがゆえである。勝って欲しい。強くあって欲しい。そして甲子園に、今日も、明日も勝利の『六甲おろし』が鳴り響くことを心から願うのだ。

阪神の未来について対論をした岡田《おかだ》彰布《あきのぶ》君は、9歳違いの可愛い後輩である。

高校、大学でも1年からレギュラーとなって、タイガースでも1年目から活躍。超一流のスターとなったが、晩年には、私と同じく他球団の飯を食った。だが、オリックスで仰《おお》木彬《ぎあきら》監督と出会い、その後、2軍でコーチ、監督を経験したことが、指導者としての岡田彰布を形成するために大きな影響力を残したのだと思う。

昨年までは、私は評論家の立場で、岡田阪神を見守ってきた。監督就任直後の04年は4位だったが、その後は、05年優勝、06年2位、07年3位、08年2位と、いずれも優勝争いを演じた。指導者としても超一流である。
　昨年は、13ゲーム差を逆転されて巨人に優勝を明け渡した責任を負い、監督の座を自ら辞した。この決断に対して周囲がとやかくいう問題ではない。相当な覚悟を持って職を辞したのだろう。今後、どういうタイミングになるかはわからないが、岡田君は、必ず再びタイガースで監督をする人物である。09年は、野球人生で初めてユニホームを脱ぐことになったが、大いに勉強し、視野を広げ、次に指揮を執るときに向けての財産を増やして欲しいものである。

　私は、今はあくまで外から野球を見ている。岡田君は去年まで監督として中にいたから、私とは別の視点はあるだろう。外と中では立場が違う。我々は無責任に意見を言えばいい。しかし、真《ま》弓《ゆみ》明信《あきのぶ》監督以下、現場で戦っている人たちは、負ければ責任を負わねばならないのだ。そういう大きな立場の違いがあることを前提にして、岡田君と交わした阪神再建の対論であることを、関係者各位並びに読者の方々には、ぜひ、ご理解いただきたい。

タイガースイエローの血

岡田彰布

１９７９年のドラフトで阪神タイガースに入団して以来、30年ぶりにユニホームを脱ぎ、初めて解説の席に座ることになった。ベンチを離れ、ひとつ間を置いて見る野球は、冷静に見られる。

阪神監督時代には、あえて常にマイナス思考で試合に臨んでいた。相手は、必ず万全で来る。それに対して、我々は、どう対応すべきか。こちらの策が失敗したら、次にどう出るべきか。ベンチにいたら、ちょっと引き目で野球を見て、悪いことばかり考えるものなのだ。一種のリスクヘッジをとっていたと言ってもいいのかもしれない。そのあたりの思考は、解説席とベンチではまるっきりと言っていいほど違う。

読者の方々からすれば、不思議に思われるかもしれないが、ネット裏の記者席から見ていると逆に願望の方が強くなる。

「ここで打つやろうな」「ここは抑えてくれるやろう」と、思考がベンチにいた時と比べて真逆になる。野球を平等に見ているというか。感覚がニュートラルになったというか……。けれど、私の気持ちは、知らず知らずのうちにチームの勝利を願っているのだ。

私のテレビ解説やデイリースポーツ紙上での評論については、ズバリと核心をついていて非常に面白いとか、昨年まで監督だったのに現場に配慮がなくて意見が厳しすぎるとか、様々な意見を頂戴《ちょうだい》している。しかし、これだけは理解しておいて欲しいのだが、私の人生は、阪神タイガース愛で染まっている。

思えば、物心がついた頃から黄色い縦ジマと共に歩む生活だった。

亡くなった父が、阪神を応援する「タニマチ」のような存在だった影響もある。若手選手が実家でご飯を食べ、いつも父に甲子園に連れていかれ、遊び場は、阪神の寮である「虎風荘」だった。子供の頃、タイガースの3塁手、三《み》宅《やけ》秀《ひで》史《し》さんに「君は、手足が短いから将来は野手になりなさい」とアドバイスをいただいたことも何かの縁だった。明星中学から本格的に野球を始めた時は、誰もが憧《あこが》れる投手ではなく、最初から内野手を志願した。北陽高から早稲田大に進み、逆指名がなかった当時のドラフトでは、西武、ヤクルト、阪急、南海、近鉄、阪神の6球団に指名された。私は、その前夜、「阪神が（当たりクジを）引く」という確信めいた予感があった。

そして、まさに運命的に阪神タイガースに引き当てられるのである。選手としては優勝、日本一を経験した。監督としてもペナントレースを制して胴上げを味わった。

甲子園は日本一の球場である。昔に比べて強い浜風は吹かなくなったが、神風のような風を感じることが本当にある。これは冗談かと思われるかもしれないが、球場全体が思いを込めて声を出してくれる。その何万人かの息が風を生み出すのではないかと真剣に考えた。

思い出は尽きない。だからこそ私は、生涯、生粋の阪神タイガースファンなのである。対談の中でも語っているが、江夏さんの投げている試合は、何度も父に連れられ甲子園で見た思い出がある。巨人のＯＮからバッタバッタと三振を奪いとる姿は、私たちの憧れの存在だった。評論家としても独特の視点で野球を見ておられて、監督時代には江夏さんの『野球道』を欠かさず読んでいたものだ。

今回、その江夏さんとの対論は、阪神の未来を考え、強くなるにはどうすればいいのかをあらゆる角度から議論した企画である。

監督復帰の話をマスコミからもよく投げかけられる。だが、そういう話は、現在、真弓監督が指揮をとっているときに失礼な話だ。そして大前提として、阪神の監督は私が決めるものではない。

正直、ネット裏から野球を勉強させてもらって、まだ１年も経っていないのだ。野球人としての引き出しを１つずつ増やしている最中で、現場復帰のことを現実問題として捉《とら》えられないのが本音である。しかし、阪神愛だけは、私の心の中でずっと燃え続けている。ドジャースのトミー・ラソーダ元監督は、「私の身体にはドジャーブルーの血が流れている」と言ったらしいが、その言い方を借りれば、私の身体にはタイガースイエローの血が脈々と流れているのである。

目次

第1章　なぜ真弓阪神は勝てないのか？

勝ちと負けが逆になってもおかしくない試合が多すぎる

――昨年の優勝争いから一転、チームはＢクラスに低迷しています。

江夏　これは岡田君も星野《ほしの》仙一《せんいち》監督（現オーナー付ＳＤ《シニアディレクター》）から引き継いだときに経験したことだろうけど、引き継いだ監督は「前の監督のいいところは残したい、反面、自分のカラーも出したい」と思うよね。ただ願望だけで上ばかりを見て足元を見ずに転んでしまう人もいれば、しっかりと土台を見て歩む人もいる。真弓監督だって同じで「岡田監督のここは引き継ごう。ここは変えよう」という結果が、新井《あらい》貴浩《たかひろ》の５番であり、ＪＦＫの解体だったんだろうと思う。それは悪いとは思わない。ただ解体するにあたって、それで大丈夫なのかということだよね。

岡田　投手陣は防御率もいい。数字は悪くないと思うんです。ちょっとした小さいほころびからこうなるんですよ。野球は難しい。去年は簡単に勝っているように見えたかもしれませんが、そうやないということですわ。要するにやり方でしょうね。そんなに悪くないと言ったらおかしいけれど、どう言えばいいのか……勝ちと負けが、逆転してもおかしくない試合が目立つじゃないですか。

江夏　7月10日からの延長、延長と続いた巨人との甲子園3連戦なんて、まさにそうやった。

岡田　そうですね。その7月11日の巨人戦では、こんな場面がありました。2－2の同点のまま延長12回までもつれたんですが、原辰徳《はらたつのり》監督は、9回の時点ですでに加藤健《かとうけん》ら3人のキャッチャーを使っていた。捕手経験のある小笠原道大《おがさわらみちひろ》もベンチに下がっているから、加藤がデッドボールでももらって退場すれば、相手はキャッチャーがいないわけですよ。もうこうなったら、阪神の投手は自打球を誘う投球でも、インコースに行って「当てたれ」くらいの気持ちでないと勝てないですよ。それくらいの気持ちがないとあかんでしょう。先手、先手で使える手は全部使って、なんとかみんなで勝つスタイルを選手にわからせないと。

江夏　我々の時代にも、巨人の柴田勲《しばたいさお》ら足の速いバッターには盗塁をさせたくないから、ピッチングで足を狙ったこともある。それは1つの手だったな。これは、もう綺麗事《きれいごと》ではなく、なんとか抑えて勝つのが条件だからね。そういう事はやっていくよね。強いチームには相手も、そういう気持ちで向かっていくでしょう。

岡田　借金10もあるチームは何でもやらんとあかんでしょう。7月10日の巨人戦で4回に3―3の同点に追いついて、なお1死満塁で先発の岩田稔《いわたみのる》をそのまま打たせた場面もそうです。ここで岩田に初勝利させることに何の意味があるんですか。確かにセオリーなら5回を投げきらせなあかんですよ。でも、それはがっぷり四つの戦いの時の話。チームの状態、ゲームの流れから見たら、ここは代打・桧《ひ》山《やま》進次《しんじ》郎《ろう》ですよ。貯金のあるチームならば岩田の続投でええでしょう。でも今の阪神にそんな余裕はない。交代を躊躇《ちゅうちょ》するから後手、後手になる。「今、ここや」と思ったら、迷わず行ってしまわないと。もう何でもありやないですか。何やってもええやないですか。どんな手段を使ってでも1つ1つ勝っていかなあかん状況ですからね。セオリーなんかないでしょう。

江夏　勝利への執着が感じられないんだよな。

岡田　去年までベンチで抱いた感覚としては、巨人とはがっぷり四つやったんです。最後は勝てませんでしたけど……。勝った方が優勝という決戦になった昨年の10月8日の巨人戦では、メンバー表交換の時に原監督にこう言いました。「みんなが注目している試合や。もう勝ち負けよりもええ試合しようや」。そういうことなんです。がっぷり四つでどっちが強いかを決めるゲームでしたから。勝った方が優勝という決戦になると、どちらもどっしりと構えます。いらんことをするのが逆に怖くなってくるんです。今の阪神は逆です。いらんことをどんどんやらなあかんでしょう。相手の出方を見てから対応する受け身の野球じゃあかんのですよ。

江夏　7月3日のヤクルト戦もそうやったね。甲子園は雨が降ったり止んだりの悪天候だったよな。阪神は2回に4点を先に取ったから先発の安藤優也《あんどうゆうや》は、まず早く5回を終わらせ試合成立を目指さねばならない。なのにボール、ボールから入って試合が進まない。ピッチャーというのは自分の勝利がイコール、チームの勝ちにつながるわけだからね。無造作に投げろとまでは言わないが、5回までは比較的考えないで、どんどんストライクから入っていくべきだったんだ。そういう事は本人がわかるはずだし、できていなければ指導者が教えなければならんよ。それすらない。あのときは逆に負けているヤクルトの館山昌《たてやましょう》平《へい》がポンポンと攻めていた（笑）。このあたりの勝利に対する執念のなさというか、ベンチワークがなされていないのか。ちょっと理解できない部分なんだよね。

岡田　おそらく借金が2桁《けた》になったら選手はゲーム差が開いていることについてはなんとも思ってないんですよね。相手のことよりも自分たちのチームの借金を1つずつ返すことしか考えていない。07年も途中借金が9もあったんです。野球の場合は、1試合に1個ずつしか返せません。2桁に膨らんだ借金を返すことを考えると気は遠くなりますが、長いペナントレースの中で勝利を積み重ねるという作業を根気強くやっていくしかないわけですからね。例えば、オールスターまでは先発を1試合に2人入れておいてもよかった。スクランブル体制ですよ。楽天だって7月20日の試合では田《た》中将大《なかまさひろ》をストッパーで使ったじゃないですか。そういう総力戦で少しでも借金を返して、オールスター明けから、左の岩田、右の安藤のローテーションで仕切り直せばよかったんです。

江夏　真弓監督のやっていることは、ことごとく裏目に出ているよな。計算が立つならば、変革することは悪いことじゃないと思う。新井の5番はいい。じゃあ、3番はどうなの？　ＪＦＫの解体もいい。じゃあ、久《く》保《ぼ》田《た》智之《ともゆき》の代わりは、スコット・アッチソンだけでよかったのか？　そういう疑問なんだよね。去年まで指揮を執っていた岡田君が、一番よくわかっていると思うんだけどね。外から見るのと中から見るのとでは全然違うからね。

岡田　後から振り返って「勝ててるやん」という試合が多すぎますよね。あそこに代打、先にこれをやっていたら……の「たら、れば」が、非常に多い。自分のチームのことしか見れない状態になっていますよね。シーズンを戦えば全部は勝てない。負けるゲームは絶対にあるんです。でも何かある、次につながるという負け方はありますよね。

見切り発車だった新外国人メンチ

——ケビン・メンチの不振が誤算の始まりだったような気がします。

岡田　「メンチが使える」と判断したのが早すぎたと思いますよ。沖縄キャンプの第3クールあたりで、新井はもうサードをやり始めていました。メンチがライトで使えると判断したわけでしょう。新井がサードなら、ファーストで葛城育郎《かつらぎいくろう》、林威助《リンウエイツウ》らの中から調子のいい選手を使えてバリエーションが増えると考えたんでしょうね。でも、まだ実戦練習もしていないのに見極めが早いんやないかと思いましたわ。新外国人を計算に入れるのは怖いものですよ。

江夏　外国人選手は、宝くじと同じだからね。メンチに限らず、過去に失敗談は多くある。いい選手か悪い選手かは別にして、日本の野球に合うか、溶け込めるかというところを見極めていかないとあかんでしょう。

岡田　メンチは、実は、2年くらい前にも阪神の獲得リストに挙がっていたんですよ。レンジャーズで04年に26本、05年に25本のホームランを打っていましたからね。07年のオフにＦＡになったんですが、その時は、まだ給料が高かった。「こんな高い選手を獲《と》れるの」という意見が多かったんです。でも、その後、２年間は低迷して本塁打数も半分以下に落ちてたんやないですかね。そういうタイミングでの獲得ですよ。

江夏　これは阪神に限ったことじゃないけど、まず代理人から選手の資料やビデオが届くよね。この映像は素晴らしいバッティングシーンしか映してないんだよ。それに惑わされるとえらいことになるわね。そういうプロモーションの映像と数字だけで判断して獲得すると、後々、「話が違うやないか」ということが往々にしてある。

岡田　江夏さんのおっしゃる通りです。代理人は、宣伝用のいい映像ばっかりを持って来ますからね。まあ、向こうにしたら売り込みのために作った映像なんですからね。現在の阪神の海外の窓口は、トーマス・オマリーです。彼が推薦してくるんです。そりゃ、あきませんわ（笑）。

江夏　そもそもオマリーというのは何のために給料を払って海外に置いとるのかがわからん。阪神は、なんと金のある球団なんやなあと思っているけどね。

岡田　これも裏話ですが、オマリーは05年限りで実は、クビだったんです。「オマリーはもう辞めさせてくれ」と我々が言って球団のＯＫも出ていたんですわ。06年は、アンディ・シーツとシェーン・スペンサーがいたので外国人を獲るような年じゃなかったですからね。てっきり球団が解雇しているんやと思っていたら、06年の春のキャンプにひょっこりとオマリーが来てるんです。ビックリしましたわ。「なんでオマリーが来てるんや？」とフロントに聞いたら「優勝したからオフが忙しくてクビを言うのを忘れた」と（笑）。これほんまの話です。それからまだおるんやから、どないなってんねんですわ。

――球界再編の動きの中で新規参入に名乗りを上げたライブドアが、オマリーを監督として挙げたこともありましたね。

岡田　そんな噂もありましたねえ。ああ、名前出すだけで腹立ってきましたわ。

江夏　タダで置いているわけやないからね。そういう岡田君の話を聞くと、ますます思うなあ。「阪神は金のある球団やなあ」と（笑）。

岡田　メンチもオマリーの推薦でしょう。でもメンチは、いつ決まったんですかね。私が監督の段階では、09年の次の外国人はネルソン・クルーズというレンジャーズの右の外野手で決めてたんですよ。私と吉竹春樹《よしたけはるき》チーフ野手兼打撃コーチの2人でね、去年の9月、名古屋から東京へ移動した時に部屋で何人かの候補のビデオを見て判断したんです。このクルーズという選手は、当たったら飛ぶ。粗いけれど、これで決めようとなっていたんです。それからのことは知りませんが、（メンチは）真弓さんが決めたんですかねえ。結局、クルーズは、WBCではドミニカ代表に選ばれて、今年は、レンジャーズでチーム最多の26本塁打を打ち（8月20日現在）、オールスターにも出場しています。

江夏　最終的には球団が決めたのかな？

岡田　いえ、今は現場の意見を聞かずに球団が「こいつを使え」ということはないんですわ。南信男《みなみのぶお》球団社長は、そんなことは絶対に言いません。現場の意見を尊重してくれるんです。昔とは違って、打てなくともフロントが「使え」ということはないんですよ。

江夏　そうなら、なおさらわからないなあ。私は投手出身だから投手の目線で見てしまうけどね。じゃあ、メンチのどのあたりが怖いのか。とにかくストレートを窮屈そうに打つ。緩い球でも窮屈そうに打ってるんだから、これは攻めやすいバッターだよね。

――一度、2軍に落としてから、5月15日のヤクルト戦で1軍に昇格させました。

岡田　下で9の8くらい打ったからでしょうね。でも1軍に上げて3試合で結論が出たやないですか。ついでに試合も負けてしまいました。

江夏　誰の推薦で上げたのかね。真弓監督が自分の目で見て判断したのか、下からの報告だけだったのか。そのあたりは岡田君は詳しいよね。

岡田　おそらく下からの報告でしょう。（真弓監督は）メンチが打った試合は見れてないはずです。

江夏　まあチームの状態もよくなかったし、メンチの使い方にしてもなんかモヤモヤしたものがあったよね。

元西武のブラゼルを緊急補強

岡田　今は右の打者がいません。去年のドラフトはクジで横浜に負けてしまいましたが（次の藤原紘通《ふじわらひろみち》も楽天にクジで敗れて蕭一傑《しょういつけつ》）、いの一番で左打者の松本啓二朗《まつもとけいじろう》を指名しました。どうしても左中心の打線になるから、本当は右打者が欲しかったんですが、スカウトは「右はいません」と言うんです。だったら左でもいいから、いい選手から獲っていこうという方針でした。外国人でも同じ状況で右で打てる打者が少ない。ならば左でも左ピッチャーを打ってくれたらええわけで、今は、そういう考え方で展開しているようです。以前は右バッターのリストばかりだったけど、今はいい選手がいませんし、もしいても、優れた右バッターはなかなか日本には来ないですからね。まあメンチの代わりとして、クレイグ・ブラゼルは最高のスタートを切りましたね。

江夏　そうだな。ブラゼルはスタートが最高だった。タイガースが一番欲しかったのは、きっかけというか起爆剤だったからね。ホームランが出て決勝打も打っているし、打率も悪くない。バッティングも引っ張り一本かと思ったら左にも打てる。あんな器用さもあったのかと思ったね。近めのワンバウンドは、よく振ってるけどね（笑）。私は、「ボール球に手を出す。長所よりも短所がハッキリと出るバッターだ」と聞いてたんだけどね。

岡田　西武時代にはブラッシュボールを頭に当てられて調子が落ちたらしいですね。

江夏　性格的にも内にこもるタイプらしい。ぱっと発散する、切り替えのうまいほうじゃないとも聞いた。某関係者は「ハッキリ欠点の出るバッターですが、初めは打つんじゃないですか」と。そこは、ぴったり当たってるね。

岡田　今頃、セ・リーグのスコアラーが必死に穴探ししとるんとちゃいますか。

真弓流新打順「3番鳥谷、5番新井」の誤算

――打順は、3番鳥谷敬《とりたにけい》、4番金本知憲《かねもとともあき》、5番新井でスタートしました。これも、真弓監督が打ち出した新しい形でした。

江夏　その部分は去年指揮を執っていた岡田君がよくわかっているでしょう。

岡田　私は新井を3番で使っていましたが、実は私も北京オリンピックで優勝して帰ってきたら、後半は5番にしてもええかなと思ってたんです。北京オリンピックでは、あんな結果（メダル無し）で、しかも骨折して帰ってきたので実現はしませんでしたけどね。06年に今岡誠《いまおかまこと》が不振に陥ってから後の数年は5番がずっと安定しません。今のメンバーから見ると5番は新井しかないとは思ってたんですけどね。左バッターが並ぶので右の新井が入ればポイントにもなります。でも、新井にとっては、これは間違いなしにプレッシャーだったんでしょうね。彼は、あまりハートが強くないですから。

江夏　優しいんだよな。その心配は私もキャンプから言ってたんだけどね。

岡田　いいスタートが切れればよかったんでしょうけど、最初に4番の金本が打ちすぎました。それが逆にプレッシャーになった。

江夏　しかし一時とはいえ打率が2割2分を切ったというのはいくらなんでもひどすぎる。

岡田　キャンプで彼と飯を食った時は「5番で長打を求められるのでポイントを前に置いた打撃にしていく」と話していたんですよ。でも、それがまったくできていませんわ。

江夏　できていないよな。

岡田　クリーンアップを任せた選手が2割2分。これは何回もテレビの解説で言っていますが、4月から打ち方が、ずっと一緒で何も良くなっていない。何も変わっていないんです。スタンスや構えを変えるとか工夫している姿が見えない。ずっと一緒の打ち方でアウトの取られ方も、ヒットの打てるところもみんな一緒。だから率が上がらない。

江夏　新井がそこをわかっていないのか。わかっていてやらないのか。

岡田　そこですよね。もし新井がわかっていなかったらバッティングコーチが指示しないとあかんでしょう。もし、言っていて、やっていて、あかんのやったら、よけいあかんですよね（笑）。コーチの責任ってそういうことだと思うんです。新井が言われたことをやらないなら、そこには選手とコーチの信頼関係がないですよね。もし監督が直接教えるとしたら、それは最後ですからね。私は、一度、不振に悩んだルー・フォードをマスコミにわからないように室内練習場に呼んで指導したことがあります。「お前が、今まで野球やってきた一番ええ形で打てよ」とか、「自分では違うと思いながら、いろいろ打撃を直されてクビになったら悔いが残るやろう。お前も納得せんやろう」と。我々もビデオを見て獲得を決めていて、その商売用のプロモーションビデオでの打撃は、ええ打ち方しているわけですから（笑）。これなら打てると思って獲得したわけです。まあ、それでも打てませんでしたが（笑）（※47試合出場で打率2割2分5厘、3本塁打、11打点の成績で1年で解雇)。

江夏　なぜ新井が、あんなバッティングになったのかをもう少し突き詰めた方がいいな。考えられないよ。打球がレフトに飛ばないんだもの。精神的な部分はもちろんだけど、技術的にも問題点はある。岡田君の言うように人の見ていないところでいいから真弓監督が「お前さんは、こうじゃないだろう。こうだよ」と直接、教えていい。それをやっとオールスター期間中に実行したみたいだけどね。監督としての責任があるよ。選手を預かるということは、選手の生活をみなければならない。ここがプロとアマの違いでしょう。プロは生活がかかっているんだから、プロの指導者には、そこまでの責任はあるんだよ。

岡田　それとポイントゲッターの打順は下げたらあかんですね。私もそうでしたが、打順を下げられると、自分でも調子が悪いのを確認してしまいます（笑）。相手ピッチャーも、「こいつは調子が悪いから打順を下げられているんだな」と上から目線で向かってきます。そんなもんですよね。6番では新井という存在感がなくなってしまう。

鳥谷を殺した「代打桧山」

岡田　鳥谷は5月20日の交流戦のソフトバンク戦で、1点を追う8回1死3塁のチャンスに左の桧山を代打に送られてから全然ダメになりました。結果は桧山も三振。試合は延長でサヨナラ負けでした。

江夏　相当ショックだったろうな。

岡田　そりゃショックですよ。それまでフルイニングで出場していたんですから。あれから絶対急降下やと思ってましたよ。それまで3割近く打っていたんですからね。

江夏　守りは、しっかりとやってたからね。可哀想だよね。

岡田　問題は技術面よりも気持ちやと思うんです。

江夏　故障があれば別だけど、ないなら8割は精神的なもんだよ。すっきりしない気持ちで狙い球も絞れないで打席に立ったら結果は出ない。これはピッチャーも同じじゃね。

岡田　野手は毎日出なきゃならないからきついですよ。先発ピッチャーなら5日の間に切り替えもできますけどね。鳥谷は4月は3割2分くらい打ってたんです。それが急に1割も落ちるなんて技術的なものやないですわ。

江夏　どこかを故障しているのか。精神的なモヤモヤなのか。それはわからないけどね。私は私生活でトラブルを抱えていてもグラウンドに出るとふっと忘れられる得な性格だったけれど、それを引きずるような性格だとしんどいね。

岡田　そこで大切なのはフォローやと思うんです。去年、私が赤星憲広《あかほしのりひろ》を先発から外した時でも監督室に呼びましたもん。「明日スタメンを外すから、ゆっくり寝とけ。ただし守備固めの出場はあるから、その気持ちは持っておいてくれ。今日は一日頑張れ」と。そういうフォローで選手のモチベーションを保つことが監督の仕事なんですよ。巨人との開幕第２戦で赤星が先発を外されましたよね。腰が痛かったのが理由らしいんですが、連続試合出場の記録が途切れました。

江夏　相手が左ピッチャーというのもあったんじゃないかな。内海哲也《うつみてつや》だったからね。

岡田　連続試合出場記録が続いていたので途中で代走ででも出るのかなと思っていたんです。それが結局出ず仕舞いでした。これはおかしいなと思って、翌日、練習の時ベンチ裏に行って赤星と少し話をしたんですよ。「なんやお前、昨日は自分から出ないと言うたんか」と聞くと「いえ5回からずっと裏で準備してたんです」と言うんですよ。「途中から出るという話を聞いていたんですが、結局声がかからなかったんです」と。「お前、連続試合出場が続いていただろう。帰った後に誰かからフォローの話があったんか」と聞くと、これも「ありませんよ」と。ほったらかしなんです。

江夏　ベンチは赤星の記録を知らなかったのか。

岡田　それはないでしょう。さすがに調べるでしょう。記録、タイトルというのは選手の大きなモチベーションですからね。私なんか監督の時は選手の誕生日まで調べていました。9月に入って、残り試合が少なくなったら、規定打席や、その他の記録をみんな調べさせた。もしタイトルを取れるチャンスがあるのなら、なんとかしてやりたい。去年の関本健《せきもとけん》太郎《たろう》もそうでした。「送りだすことはできるけど、3割を打つのはお前の仕事や」と言って規定打席に到達させたんです。そういう意味で今年のような扱いは、赤星にしても、鳥谷にしても、モチベーションが下がると思うんですよね。

江夏　私も記録というモチベーションには支えられたものだよ。

岡田　鳥谷も代打に桧山を送られた後になんのフォローもなかったと言います。ただ、クロさん（黒田《くろだ》正宏《まさひろ》編成部長）が鳥谷に試合後に電話して「お前なんかあったんか？　今日飯をつきあえ」ってフォローしたらしいんですが、同級生の川崎宗則《かわさきむねのり》（ソフトバンク）と約束があるとかで、結局、話はできなかったと聞きます。ただ、鳥谷に関しては、代わりがおらんポジションですからね。今のバッティングを見ている限り急に大当たりしだすようには思えないけれど、代わりの選手がいないから我慢して使うしかないですよね。

江夏　周りは、手を差し伸べることはできても、足は出せないからな（笑）。足を出すのは自分だからね。変えられるのは自分しかいないよ。鳥谷は本当のチームリーダーになってもらいたい存在。彼はリーダーに適した人間じゃないかな。生え抜きだしね。代打を送られてジレンマはあっただろう。なのに立派なのは守備に影響が出ていないという部分だね。これには頭が下がる。普通はバッティングがおかしければ守備まで連鎖反応でおかしくなる。それが出ないのは、彼の本来の精神的強さと、野球への思いが強いからだ。そこを評価したいし、もっともっと大きくなってほしい。これは、あくまでも私の願望だけどね。

金本へあえて苦言を呈す

——マークのきつくなる4番がブレーキになるというのはよくあることですが、春先は逆に4番が打ちまくって、それを挟む3番、5番が打てなかったですね。

江夏　改めて今のタイガースは金本のチームなんだね。

岡田　金本の存在は、そりゃ大きいですよ。でも今の状態で目いっぱいじゃないですか。相当しんどいと思うんですけどね。

江夏　以前なら空振りする球じゃないような「なんで、あのボールを」というのを空振りしたりしているね。やっぱり人間、年をとると、反射神経とか目の問題がぼちぼち出だすんじゃないかな。

岡田　オフに膝《ひざ》の手術があって、キャンプもほとんどやっていない状況でペナントレースに突入していますからね。

――本来なら試合展開次第では金本を試合途中などで休ませながら使うのがベストかもしれませんが、フルイニングの世界記録が続いています。

江夏　私が広島に行ってからだから昭和54年だな。その年、衣笠《きぬがさ》祥雄《さちお》の連続フルイニング試合出場記録がかかっていたんだよね。でも、そのときサチ（衣笠）は全然打てなくてね。それこそ新井並みに打率は2割1分か2分だったかな。極度のスランプだよ。打順も開幕から5番だったのが2番に上がって最後は8番まで落ちた。それでも、連続フルイニング出場の日本記録がかかっていたから、古葉《こば》竹識《たけし》監督は、ずっと使ってたんだけどね。5月の岡山遠征の時だったかな。サチが監督に呼ばれて、帰ってきた時に目を吊《つ》り上げていた。「どうしたんや？　何があったんや？」と聞いたら、「今日、スタメンから外れると言われた」と。まあ、荒れた、荒れた。これで後22試合に迫っていた三宅秀史さんの７００試合フルイニング試合出場記録を破ることができなくなったんだけどね。後で古葉さんに聞いてみたら、古葉さんも苦渋の選択だったと言うんだよね。チームの勝利、個人の偉大なる記録の両方を考えると本当に、こういう決断、選択は難しい。

岡田　そこもフォローなんですよね。私も監督のとき、金本が右手にデッドボールを受けた（04年の７月29日のヤクルト戦）。トレーナーが監督室にきて説明しますよ。病院行ってからの検査の状況などをね。でも最後の言葉を濁すから「なんや、ハッキリ言えや」と言うと「しんどいかもしれません」と答えるんですよ。「トレーナーが責任を持って休ませるのか？」と聞くと返事がない。結局、金本自身を呼んで、直接話しました。「カネ、出るんやろ」と聞いたら、金本も「出ます」と。「よし、そんならそれでええ（笑）」。それで終わりですわ。そういうことなんですよ。うだうだとどうしよう、ああしようと言ってもしゃあない選手なんです。金本は痛くて休む選手じゃない。だから、我々も信頼を置いて４番に据えた。それでええやないですか。

――実際に骨折してたんですよね。片手で打った映像が今でも象徴シーンとして流れます。

岡田　そうそう。私が04年にチームを作った時は、まず４番を金本に決めました。星野さんの時は、移籍後のプレッシャーなどを考えて３番に置かれていましたが、走者やつなぎを意識して金本らしさが感じられなかったんです。金本は精神的な強さに加えて試合に出続けることのできる選手。４番がドンと決まれば監督は苦労しませんからね。

江夏　岡田君が監督で、もし金本がどっかで記録が途切れるとしたら、どういうケースや。

岡田　本当に動けないような怪我か、本当に打てない、守れない、走れないという状況で、本人が自ら「出れない」と言ってくる時やないですかね。私が監督ならば本人が言ってくるまで使い続けます。それでええんとちゃうでしょうか。

江夏　金本が自分で決めるというのも辛《つら》い決断だな。ところで、金本は去年の夏頃から新聞記者と口をきいていないそうだな。

岡田　はい。金本は今でも新聞記者と話をしないそうです。新聞を見ていてもテレビのヒーローインタビューと同じコメントしか載ってないのはそのせいです。去年の８月のコメントを巡っての事件以来、ずっと続いているみたいですわ。７月の札幌遠征で和解の食事会を新聞記者が組んだらしいけれど「飯を食ってもいいけど和解はせえへんぞ」って（笑）。金本は、まだ記者と和解してないですね。

江夏　確か「こんなチームでは勝たれへん」というような発言だったな。

岡田　そうです。その発言が自分の意志と違う書かれ方をされたのが原因のようですね。

江夏　今の金本の発言はチームに影響力があるからね。けれど、自分が見ている限り、金本がチーム内で親しく付き合っているのは新井だけなんだよね。新井は同じ広島出身ということもあって可愛いんだろうね。新井も金本を慕っているし、ある意味異常な関係よ(笑)。気持ち悪いほどよ。

岡田　あははは。

江夏　それは笑い話として、とにかく話をする相手が限られてる。別に溶け込まなくてもいいから、もう少しタイガースの選手を変えてやればいいのにと思う。そういう行動を見ていると、金本は、ゆくゆくは広島に帰りたいんじゃないかという気はするよね。もっともっとほかの選手とも野球談義をしてやればいいのになと思うよね。

切り札を使わず負ける真弓采配への疑問

――序盤は代打の切り札の桧山をベンチに置いたまま負ける試合も目立ちました。

岡田　最初の1点差負けで2、3試合はありましたね。競ってるのに、なんで代打・桧山を出さないのかなという試合が目立ちました。

江夏　出し惜しみなのか、なんなのかわからんけど配慮は必要だね。

岡田　代打は、いいバッターから順番に出すのが鉄則ですよ。だから私が監督の時も「チャンスで桧山」「塁に走者が溜《た》まったら桧山」というワンパターンは避けていました。バッターはデリケートなものですから、最高の状態で使ってあげないといけません。けれど、そこでも桧山の気持ちとベンチの思惑が一致する必要があります。桧山をベンチに置いたままで負けるというのは、ちょっと考えられない展開ですね。

江夏　人間は感情の生き物だからね。清原和博《きよはらかずひろ》が巨人時代にずっと4番に座っていて不調に陥った。ある日、清原が今日も4番のつもりでベンチに行ったらオーダーに名前がなかったという。清原は、それでぶち切れて、それから何試合か試合に出なかった。チームの顔というか、主軸に対しては、試合前にちょっとした配慮というか、説明は必要だったよね。

岡田　主力に対しては絶対に監督が言わなあきませんよ。若手選手の2軍行きについては、コーチに任せておけばいいんでしょうけどね。レギュラーを張っている主力には、試合前に監督が自ら言わなあかんと思うんです。そういうフォローは大事でしょう。モチベーションは試合に影響しますよ。

江夏　監督の仕事はそれだからな。

岡田　例えば5月2日の巨人戦です。藤川球児《ふじかわきゅうじ》を5―5の同点で9回に投入した。坂本勇《さかもとゆう》人《と》が８番に入っていたけれど、下位打線からでした。ここは球児がなかなかモチベーションを保ちにくいシチュエーションです。１点、２点を勝っているならば、たとえ打線が８番からでも勝つために藤川でいかねばなりません。しかし、同点であることと打線の流れを考えると、ここで藤川がモチベーションを最高にもっていくのはむずかしい。結局、坂本にホームランを打たれるわけですが、これはなるべくしてなった結果だったのかもしれません。

江夏　まさか監督が1軍の選手に技術を教えるわけはない。ちょっとした配慮、目配り気配り、それができるかどうかで大監督かそうでないかは決まってしまう。監督なんて、選手が働いて、勝ち星を挙げて、何百勝という大監督になっていくんだからね。

岡田　ユニホームを脱いで現状を見ながら強く感じるのは、そこなんです。みんなの力を試合で１００％出すことはなかなかできない、難しいことですよ。でも１００％を出せたら、これは勝てます。でも相手も、それを出させないように抑えてくる。そういうせめぎあいの中で、ベンチワークによって、どれくらい選手の力を出させてあげるかが非常に大事になってくる。技術の問題だけやないんです。気持ちの部分が大きいと思うんです。やり方次第では、選手の能力を半分も引き出せない。これは、私自身が阪神でよく経験してきたことです。

江夏　岡田君も現役時代、代打を送られたことがあったな。

――92年の4月25日の名古屋球場での中日戦。7番に降格されて5回1死満塁のチャンスで、亀山努《かめやまつとむ》を代打に送られましたよね。

岡田　あれは、私にとってムチャクチャ大きな経験になっています。代打・亀山の夜は、何人かが部屋に寿司とか酒を手に集まってきましてね。部屋で、かなり飲みました。某コーチが部屋のトイレのドアを蹴《け》って壊したのも、確かあの夜だと思います。まるで私が暴れて壊したみたいになっているんですが、真相は違うんです（笑）。初めてクリーンアップを外されて7番になった日でもあったんですけど、監督の中村勝広《なかむらかつひろ》さんからの説明は、後にも先にもなかった。正直、気持ちは、あそこで切れました。モチベーションも全然ないですよね。92年の優勝を争った年でしたよ。最後はスタメンを外れていることが多かったけれど、チームに集中力みたいなものが見られなくて、某コーチに「本当に優勝したいんか」と文句を言ったこともありました。優勝するためになんとかバックアップをという気持ちは失っていなかったんですけど……最後の大事なとこでヤクルト、中日、ヤクルトと3連敗して優勝を逃した。チームの状態を冷静に見ていた私には、勝てない原因がなんとなく見えていました。やはり気持ちなんですよね。あの体験は本当に生きていますよ。

――真弓さんは、近鉄時代にコーチ経験もあるんですから、選手のモチベーションがいかに大事かという部分はわかっているはずだと思うんですが……。

岡田　コーチと言ってもヘッドコーチでしょう。それに、近鉄と阪神では違いすぎる。イケイケでやっている球団と、阪神のように一挙手一投足に注目が集まる球団ではプレッシャーも違うでしょう。

江夏　そうだね。近鉄のヘッドコーチと阪神の監督を同等には扱えないね。そのあたりをヘッドの木戸《きど》克彦《かつひこ》コーチあたりがフォローすればいいんだけどね。

岡田　監督が初体験というのは言い訳になりません。それでファンに目を瞑《つぶ》ってもらえることはないんですからね。

ＪＦＫ解体後の不安定な投手起用

岡田　ピッチャーはええんですよ。6月初旬までは2点台の防御率だったでしょう。今の野球で、これは凄《すご》いことですよ。

江夏　そうそう。今季のセ・リーグは、投高打低。3割バッターが少ない。

岡田　それが普通やと思うんですよ。昔は、そうでしたよね。３割を打てば必ず打撃ベスト10に入れた。

江夏　昭和45年は、セ・リーグの打撃ベスト10のうち３割打者が１人だけだった。王貞治《おうさだはる》さんが、打率３割２分５厘で首位打者。うちの安ちゃん（安藤統男《あんどうもとお》＝現役時代の登録名は統夫）が２割９分４厘で２位だよ。遠井さん（遠井吾郎《とおいごろう》）が２割８分４厘で３位。翌年も、首位打者のミスター（長嶋茂雄《ながしましげお》）だけが３割で後は２割台だった。そういう時代もあったよね。そういう経緯からストライクゾーンも狭く変わってきたんだけどね。３割打者がセ・リーグでどんと増えたのは４年後よ。

岡田　そういう時代があったみたいですね。

江夏　今年で言えば、目立って変わってきたのはハーフスイングの判定だね。ハーフスイングを厳しく取るようになった。バッターからすれば相当厳しいよ。メジャーのように打つ意志を持っていてハーフスイングを取られるのなら仕方ないけれど、打つ意志がないのになんでもかんでもスイングを取られたらバッターにとっては苦痛だと思うよ。

岡田　ハーフスイングについてはセ・リーグの審判のほうが厳しいですね。パ・リーグの審判はそうでもありません。今年はセ・リーグの方が、ヤクルト、広島などでも結果を残すいいピッチャーが出てきているけれど、これは審判と無縁じゃない気がしますね。

江夏　ボールから逃げているのにヘッドが回ったからスイングを取られたら、さすがに可哀想だと思う時が多いな。

岡田　カウント1―1から1―2になるのと2―1になるのではえらい違いですからね。

江夏　少し話が横道にそれたけれど、ＪＦＫという素晴らしい方程式をきっちり岡田君が作って、真弓監督は、それを崩したわけだから、それはすごい決断力がいったと思うよ。崩された岡田君の気持ちはどうなのかな。

岡田　あはは。でも去年からアッチソンはＪＦＫのＫの代わりの部分で使えるとは思っていたんです。たまにポカンとやられるけど（笑）。それは確かに怖いけれど、球の力はあります。アメリカでは中継ぎをやっていたわけですしね。阪神に来た当初は先発で使いましたが、80球、90球になるとガタッと球威が落ちるんです。08年5月13日、富山市民球場での広島戦だと記憶しているんですが、先発のアッチソンが4回までいいピッチングしていたのに5回に突然、タイムをとった。通訳に聞かせると「肩か肘《ひじ》に違和感がある」となって1回登録を抹消したんです。でも私は「これはいい機会や」と思って、そこから中継ぎに回したんです。先発よりも中継ぎのほうが球質もあっていると思っていましたしね。

江夏　アッチソンは、昨年も後半は中継ぎで使っていたけれど、いい悪いが激しかったな。

岡田　ジェフ・ウイリアムスは、今のポジションは外せないし、逆に先発はできません。久保田も先発でローテに入るとなると厳しいんです。去年の終盤はいつものボールが行かなくなっていたし、慣れられていました。真弓さんの選択も、久保田が先発をやりたいからやらせたんじゃなくて、もう後ろではしんどいから先発に回したという理由が正しいんじゃないですか。目一杯投げるスタイルの久保田が、先発でかわすピッチングをするのは無理。球種も少ないですからね。真弓監督には「ローテに入れるのは難しいですよ」と昨秋言ったんですけどね。監督は代わったけれど、ピッチングコーチの久保《くぼ》康生《やすお》は去年と一緒なんですから、そのあたりのことはわかっているでしょう。ただ、久保田に代わるアッチソンを、開幕後しばらくは勝ってる展開で出せなかったですよね。どちらかといえば負けてる展開でアッチソンが投げることが多かった。最近やっと勝ちゲームであの３人を使うようになりました。全体にゲーム運びがまずいですよね。おかしいゲームばかりやってますよね。球児にセーブがつかないというのはおかしいですよ。ちゃんと安定したゲーム展開をしていないということの象徴でしょう。

ストッパー藤川の不振の原因

江夏　結局、ＷＢＣの決勝でも、本来なら藤川がいくべきところをダルビッシュ有《ゆう》がいったからね。新聞報道などを見ると「藤川が笑顔でダルビッシュにストッパーの準備や心境を教えた」と書いてあったけど、本来、笑顔でそんなことできっこないでしょう。なんのために自分がＷＢＣのメンバーに入っているのかということを考えたらね。日本の守護神として行っているわけだから。もしかしたら体のどこかが思わしくなかったのかもしれないけれど……。実際、肘が痛いということで登録抹消されたけれど、今の投げ方は肘が痛い投げ方じゃないからね。本当に肘が悪けりゃあんなに肘は上がんないよ。

——ＷＢＣでは藤川の真っ直ぐの球速が一向に上がらないので山田《やまだ》久志《ひさし》投手コーチがストッパーをダルビッシュに代えたという話を聞きました。

岡田　ＷＢＣの公式ボールが影響したんでしょうね。

江夏　もともとそんなに配球のいい投手じゃないし、勢いで投げるタイプだからね。

——マウンドの硬さというのもあったんでしょうか。

江夏　そんなことを言ったらキリがないもの。マウンドが硬いとか低いとか文句ばっかり言う奴にろくな選手はいない（笑）。いい投手というものは、どんなマウンドでもそれなりにこなせるものよ。

岡田　マウンドが硬い方がスピードは出るらしいですね。伊良部秀輝《いらぶひでき》がいつも言っていました。「甲子園のマウンドは柔らかくて掘れすぎ。3キロは球速が違う」ってね。

江夏　今の球場は、私たちの頃に比べて良くなっているよ。昔は、そりゃ酷《ひど》かったもの。それでも本拠地はまだいいよ。地方へ行ったらどれだけ酷かったか。掘れて、掘れて、直せないんだから。でもそれは言い訳にすぎないからね。

――ストッパーの条件とは何でしょうか。

岡田　江夏さんを前にして私が意見を言うのは僭越《せんえつ》ですが、ストッパーは神経細やかでないとできないと思うんです。ストッパーが大胆に行かれたら、ベンチにいる人間は目もあてられんものです。

江夏　5月27日の交流戦の西武戦だった。4―1でリードした9回から藤川が登板して四球とヒットで自らノーアウト1、2塁にしてしまい、そして3者連続3球三振ということがあったよね。三振を奪ったのは、石井《いしい》義人《よしひと》、ヒラム・ボカチカ、江藤智《えとうあきら》の3人。マスコミは讃《たた》えていたが、私は、「お前馬鹿か」と思ったね。「そんなピッチングしとったらダメだ」とね。ピッチャーは、1球ボールを投げる勇気が必要なんだよね。このケースで1発コーンといかれたら、それで終わりなんだからね。ホームランを警戒すべき局面でストライクを9球も続けるとは愚かな行為だよ。厳しいようだが、リリーフは失格。そこで1球ボールを挟むというピッチングを藤川にはして欲しいんだよ。実は、今年のキャンプで藤川と話す機会があって、藤川が「大人の投球を心がけます」と言うんだ。「おい！ 大人の投球ってなんや」と聞いたら、答えは何も返ってこない（笑）。もぞもぞしていた。「大人の投球とは自分で工夫して配球を考えることやぞ」とこっちが答えを教えたんだけどね。今までは矢野《やの》輝弘《あきひろ》という先輩がおって、本来は首を振らなあかんケースでも遠慮して首を振らなかったと思う。だけど、今年は矢野の故障で同年代の狩野《かのう》恵輔《けいすけ》と組んでるわけだから、もっと我を出していい。我を出すということは、すなわち考えることだよ。

岡田　そうですよね。今年の藤川は大胆すぎますよね。

江夏　だってコースにボールが行かないんだもの。ボールが高いしね。投げ損じ打ち損じの偶然が重なっているだけと見ている。それがちゃんと打たれたら坂本みたいにグーンとスタンドまでもって行かれてしまう。ボール自体は、今年は本当に良くないね。

岡田　開幕からずっと良くないんですよね。

江夏　打線との絡みも悪くてセーブが少ないという焦りもあると思うよ。イライラもあるでしょう。でも今の投球内容じゃ、私は不満足だね。もう少し抑えというものが何かを考えてもらいたいね。

――江夏さんは抑えの怖さみたいなものを感じられていましたか。

江夏　私は藤川みたいに150キロの球は投げられなかったからね。せいぜい137、8キロよ。それで相手バッターに145キロの威力に見せるわけだから、細心の配慮がなければならなかった。それに我々の時代は1回限定じゃなかった。ランナーを置いてのマウンドがほとんどだったからね。ランナーが2塁、3塁にいるときにどんな配球をするかが投球の醍醐味《だいごみ》だったよ。そこであの緩いボールで三振を奪うと、どれだけ爽快感《そうかいかん》があるか。大魔神（佐々木《ささき》主浩《かづひろ》）が、4点差あろうが、5点差あろうが、3者三振で終わりというのは自己満足よ。これじゃつまらない。それは本当の抑えじゃない。

岡田　江夏さんはストッパー時代にボールをうまく使われていた記憶があります。なのに球児には、ボールにするボールがない。全部ストライクを取りに行ってのボールやからね。だから怖い。今年はめちゃくちゃ見とって怖いですね。

江夏　彼は彼なりに考えているんだけど、もう少し考えてほしいね。

岡田　6月5日の交流戦のオリックス戦。4－0で勝った試合ですが9回の頭から出てきた球児は最初のバッターに３球か４球連続でスライダーを投げていたんです。ファームに落ちた時にスライダーを練習していたみたいなんですが、これは危険な兆候です。スライダーを投げ出すと真っ直ぐが走らんようになるでしょう。

江夏　スライダーは、キレればいいけれど、ボールを置きにいくようになるからね。スライダーの次の真っ直ぐは特に怖い。すっと置きにいってしまうから、打者の立場から見るとスライダーの次に来る真っ直ぐは狙い目なんだよね。

岡田　スライダーを覚えると、そうなっていきますよね。

江夏　スライダーは覚えれば投球が楽に感じるんだよ。６分、７分の力でぺっと曲げて、ショートゴロに打ちとれば、これは楽だよ。でも、それに慣れて置きにいくようになると怖い。

岡田　でも、最近はスライダーを投げているピッチャーは減りましたね。みんなカットボールでしょう。

江夏　今は、ややこしいわ（笑）。カットボールだ、ツーシームだ、フォーシームだ。

岡田　私もわかりません（笑）。縫い目に掛けてる指の本数で変わるんですよね。昔で言ったらスプリットみたいな、指も短い投手が浅く２本でかけるようなボールが、なんとかシームとか言われますよね。とにかく真っ直ぐでちょっと変化するんですよね。今は、もうなんかわけわからん。ジャイロとかいう球種も出てきて、なんやねんという世界ですよ（笑）。

江夏　ザイロ？

岡田　いえジャイロです（笑）。きりもみたいな回転をするボールらしいです。松坂大《まつざかだい》輔《すけ》が投げたということで有名になっているけれど、阪神時代に藪恵壹《やぶけいいち》がすでに投げているんですよね。

江夏　そういう回転なら、ソフトボールのライジングボールみたいに浮き上がるのかな。ややこしいなあ。どんなボールや。それよりかアウトローの真っ直ぐを勉強してくれや。確実にストライクを取れるボールを習得してくれと言いたくなるよな。

――ダルビッシュのいいボールはカットですか？　スライダーですか？

江夏　スライダーやな。彼はカット、チェンジアップにフォークも投げる。器用だよね。

岡田　高校の時からすでにスライダーがよかったですもん。

江夏　6月6日の交流戦の日ハム―巨人戦で先発したダルビッシュは負け投手となったけれど、頭のいいピッチャーだと思った。まだ5年目だろう？　自分の5年目と比較したら雲泥の差だもんね。ただ残念なのは、あの１４７、８キロの真っ直ぐを、もう少し利用すればいいのになあという気はするね。

岡田　器用すぎるんでしょうね。ボールの種類が多すぎませんか。あれだけのストレートがあるのにもったいない。

江夏　でもいいピッチャーだよな。今の球界で１人最高のピッチャーを挙げるとしたら、ダルだろうな。彼は、最近、マウンドからキャッチャーに向かって何かをさかんにしゃべってるだろう。大きな声でね。キャッチャーのリードを叱りつけているのか。何か自分を表現しているのか。かなり何かを言っているんだよね。一体、何をしゃべってるのかを知りたいね。とにかくダルビッシュは面白いタイプだよね。性格も含めてまさに投手らしい投手だ。

岡田　監督にすれば、ダルビッシュがいれば楽ですよ。味方は勝てると思ってスタートするし、相手打線は今日は打てないだろうなということが頭をよぎり、相手投手は２点を取られたら負けだと考えるんですから。試合前に、こういうプレッシャーを与えられる投手こそが、大エースですね。

なぜ小嶋は先発ローテに入らないのか？

岡田　投手陣で一番頑張っているのは41歳の下柳剛《しもやなぎつよし》でしょう（笑）。WBCで故障して帰ってきた岩田の離脱も痛かったですよね。おそらく真弓さんは、右の安藤、左の岩田を柱にするつもりやったと思いますからね。

江夏　そこは誤算だったな。

岡田　よく先発5本柱と言いますが、私はずっと先発は8枚いると思っていたんです。10勝するピッチャー5人はいらんのですよ。けっこう投手の力は拮抗《きっこう》しているチームですからね。8勝3敗で貯金5つを作ってくれるピッチャーが3人いたら、それだけで十分です。先発ローテーションの5人以外に、そういうピッチャーが6、7、8番目に存在するのが理想ですわ。1人くらいは10勝10敗のピッチャーも必要なんですよ。数字はそうであっても、代わりに200イニングくらい投げてくれればいいんです。イニングを投げるピッチャーと、イニングは少なくても4つ5つ貯金作ってくれるピッチャーが3人いることが理想ですね。結局、先発5人柱でスタートしても好不調はあるし、1年間のローテーションは守られへんもんです。今のピッチングスタッフからみると、それを到底期待もできない。

井川慶《いがわけい》がいなくなってから、1年間ローテーションを守っているのは下柳だけでしょう。安藤も年に1回は必ず何かやる（笑）。去年は札幌で勝った翌日にぎっくり腰をやったし、1年間はローテーションを守れない。じゃあ、他のピッチャーはどうかと言えばもっと守れない。ほんまに安定しているのは下柳だけです（笑）。

江夏　そういう意味では今の時代のピッチャーは難しいよね。8枚そろえるのは大変だよ。一時は5枚で十分と言われたけど、1年間フルに投げられるピッチャーがいないんだから。それをキャンプから考えていたら頭が痛くなると思うよ。

岡田　今は、先発が年間30試合投げないですもんね。試合数が増えてるのに、だいたい25試合止まりでしょう。

江夏　中6日から7日で1年間投げて27、8試合。多くて30試合か。

岡田　30試合いってくれたら御の字ですわ。でも30試合投げないと２００イニングはいかないんですよ。30試合を7回平均で投げても２１０イニングですから。井川はローテ入りしてから6年間のうち4年で２００イニング以上投げていました。これは凄いことなんですよ。１４０試合で単純計算して約１２００イニングですから２００イニングということは、ひとりでトータルの6分の1を投げてくれてるわけですからね。そら助かります。

江夏　それでなおかつ勝ってくれて貯金をくれるわけだから、首脳陣にしてみれば頼りになるピッチャーだったわけやね。最近でエースと呼んでいい投手は、井川くらいだったのかもしれんね。今は、どうなんやろう。下柳にしても年間２００イニングは投げないよね。

岡田　そうですね。

江夏　真弓監督に先発8人なんて発想が果たしてあるのかな。たとえば5月17日の神宮でのヤクルト戦で小嶋《こじま》達也《たつや》という3年目の若い投手を先発させたね。「大丈夫かな？」と不安だったけれど、6回を1点に抑えた。十分及第点をあげられる内容だった。これなら「岩田が戻ってくるまで左の先発としてローテーションに入れていい」と思ったんだが、それっきり投げないんだ。使わない理由が皆目、わからないのよ。

岡田　すぐ2軍でしたね。

江夏　あれはなんなの？

岡田　私は小嶋がいいピッチングをしても絶対にすぐ2軍やと思っていました。あの後、交流戦に入りましたが、交流戦は2試合制ですから先発ピッチャーはそんなにいらんわけですよ。そもそも、なぜ、あの時点で先発が谷間になるかも不思議やったんですけどね。これについては、後で、いろいろと裏話を聞いたんですが、一度、4月26日の広島戦で台湾出身のジェン・カイウンが先発したでしょう？

江夏　確か6回を0点に抑えたな。

岡田　実は、あのときの先発は、本当は小嶋やったらしいんですわ。2軍で、その日の先発に向けて準備をさせとったらしいんですが、あまり内容がよくない。それで急遽《きゅうきょ》ジェンに代えてしまった。その埋め合わせもあって、小嶋をどこかで一度、先発させなあかんようになったらしいんですよ。

江夏　そういう裏話を知らないで外から見ていると、あれだけのピッチングしたのになぜ次に投げさせないのという素朴な疑問が出てくるよね。けれど、その事情もよくわからんね（笑）。内容がよければ、次のチャンスがあってもいいじゃないか。

栄光の「28」を継いだ福原の伸び悩み

岡田　福原忍《ふくはらしのぶ》も1年に1回の完封はあるんですよ。完封して「よっしゃあ」と思うと、すぐに怪我してしまう（笑）。持っているものは凄かったけれど、ちょっと力が落ちたような気がします。以前は１５０キロくらい投げていましたからね。そろそろ投球スタイルを変える時期じゃないですかね。そこに自分で気がつけば、もうちょっと勝てると思うんですけどね。もう力だけじゃちょっと無理ですよ。

江夏　カウント2―3からでも抜いたカーブを投げる技術は持っているんだからね。栄光の28番だからな（笑）。気になって見てはいるよ。

岡田　6月6日の交流戦のオリックス戦で完封しましたけれど、あれもオリックスだからできたんですよ。あの主力がごそっと故障で抜けている打線は、ちょっとお金を取って見てもらうのがファンに失礼なほどでしょう。

江夏　あれは、ちょっとひどいな。でも私は、あの暑い中、9回137球を投げたということは素直に認めてあげたいけどね。9回を自分で投げきるんだという気持ちはピッチャーとして大切だからね。本人も相当悩んで投げているとは思うんだけどね。

岡田　他のピッチャーで言うと、2年目の石川俊介《いしかわしゅんすけ》なんかは8枚の中には入れとかなあかん選手やないですか。彼は今年を見据えて去年の終盤ローテに入れたんです。石川に、さきほど話に出た小嶋、そしてルーキーの年に8勝を挙げて新人王を獲得している3年目の上園啓史《うえぞのけいじ》。若手でこの3人は先発ローテに入れるべきやと思いますね。

江夏　石川については、どこも悪くないのにファームに落とされたと聞いたね。

岡田　敗戦処理で2イニングだけ投げて、次の日に2軍でしょう。私も「故障でもしたんか？」と心配になって本人に話を聞いたんですが、「何もない」という話でした。

江夏　不思議な流れだね。

岡田　本人は「次にどこかで先発がある」と聞いていたらしいんですが、１回も先発登板がないままに2軍に落とされたんですよ。「なんでや」と思いますよね。それと07年の大学、社会人ドラフトの１巡目で獲った白仁《しろに》田《た》寛和《ひろかず》なんかも、なんで出てこないんですかね。ほんまにわかりません。春のキャンプで「オセロ」と言って白仁田と、同じく2年目の黒《くろ》田《だ》裕輔《ゆうすけ》を抜擢《ばってき》していましたが、オープン戦の途中では、もういなくなっていました。これでは何してんねんとなりますよ。

江夏　ピッチングコーチが、自分の好き嫌いでかなりやっていると聞いているんだけどね。私は彼は、そんなコーチじゃないと思っていたけれどね。

岡田　石川、上園についてはピッチングコーチがあまり好きじゃないみたいですね。なぜ好きじゃないのかはわからんですよね。でも最終決断をするのは監督でしょう。私なら使いますけどね（笑）。ピッチングコーチは、阿部《あべ》健太《けんた》が好きみたいで、昨年もローテの谷間が来たら、いつも「阿部でいきましょう」と推薦してきて「あかん、あかん」と言ってました（笑）。でも、コーチが好き嫌いをやってしまうと、そういう起用を選手は見ています。そこは選手は敏感ですよね。

江夏　グラウンド内のことよりも、グラウンド外の話のほうがよく耳に入ってくるね。どこのチームでもあることなんだろうけど、若い人がその餌《え》食《じき》になるのはかわいそうだね。

——真弓阪神の新しい顔で言えば開幕からローテ入りした能見《のうみ》篤史《あつし》です。

岡田　能見はオープン戦からよかったですよ。「何かをつかんだ」というのが自分の中にあったんじゃないですか。

江夏　腕が一番振りやすい箇所とか、フォーム的に何かピンとくるものがあったように見えるね。

岡田　あとは勝ち方ですよね。投球内容は悪くないでしょう。それで4勝7敗という勝ち星はおかしいですよ（前半終了時点）。普通は逆ですよ。勝負どころの「ここさえ抑えたら今日は行けるでえ」というポイントでポンと打たれたりしている。もったいない。

江夏　ピッチャーの勝ち星というのは打線との噛《か》み合わせもあるからね。調子が悪くても味方がどんどん点を取ってくれて勝ち星がついて気持ちよく投げられる時と、たとえ2点に抑えても打線との絡みが悪くて勝てないときもある。トレードでロッテから来た久保《くぼ》康《やす》友《とも》も最初はそうだったね。なかなか難しいんだよね。ピッチャーの勝ち星は。そういう時は内容を見てあげないとね。

岡田　そうですよね。リズムですよね。守り時間は短いほうがいいし、すぐ攻撃に入れれば乗ってきますからね。久保がなかなか勝てなかったのはリズムが悪かったからですよ。

江夏　反対に「あのピッチャーのときには打てない打てない」と言われると、バッターも意識してしまって悪循環になるんだよね。「あのピッチャーは嫌いだから打たない」なんていう打者は、この世界にはいないわけで、みんなが打とうと思ってバッターボックスに入っているんだけどね。周りが必要以上に騒ぎ立てると余計に力が入ってしまうということもある。ただ、守ってる人のリズムというのはあるよね。あまり長い時間、守備をさせられると野手は「何をしているんだ」となる。用もないのにボールボールボールと続いたり、ピッチャーが間を外したりしてると守りづらいと思うよ。私が若い頃は、よくそれで怒られたもの。勝手に外すと、「早よ！　投げろ！」って（笑）。「いつまで守らすんや！」と怒られた。今では、そんなことを言う先輩も少なくなったと思うけどね。

岡田　一番あかんのはフォアボールですよね。「こいつはストライクも入らんのか」と後ろで見ていて不安になる。

江夏　「何をしとるんや」となるわな。

矢野の故障とポスト矢野の力量

――矢野がヒジの手術で開幕に間に合わず狩野が正捕手でスタートしました。

江夏　狩野は、やっとインコースが使えるようになったね。以前はピッチャーの調子を見てリードするのがやっとだったけれど、今はバッターも見る余裕が出てきたね。だからインコースを使えるようになったんじゃないかな。日々成長してるね。バッティングもいいから気持ちよくリードしている。打てる人が打てなくなると、どうしても気持ちの上で乗れないものだからな。もともと打てない昔のダンプさん（辻恭彦《つじやすひこ》）みたいなタイプなら、打てなくてもリードに専念できるけど、狩野は打てる技術を持っているだけに、ヒットが出ているとリードも大胆になっていく。2塁への送球までもが変わってきた。それが経験なんだろうね。矢野は、いらないんじゃないかと思うほどだ。打つほうでは矢野は魅力を持っているけれどね。

岡田　キャッチャーは信頼感ですからね。でも、これでピッチャーも考えて投げるようになったんと違いますか。今までは矢野任せでしたから。ちょっとピッチャーも感じるもんがあるんとちゃいますかね。狩野も失敗しながら成長していくでしょう。

江夏　狩野は肩が弱い。だからピッチャーにもクイックをしなけりゃいけないという気持ちが出てきているね。狩野の肩を考えて自分が走塁のスタートを切らさないようにしないといけないという意識。これはピッチャーの立場から見ると、良くないことなんだけど、そういう向上心が芽生えたという面は評価できる。

岡田　今年はけん制球が多いですよ。エンドランのケースで１―２とか、走るだろうというケースでは本当にけん制をきっちりとしている。

江夏　それだけ慎重になっているんだな。狩野だけでなくチームにとっても勉強になった。矢野が帰ってきた時にプラスになっている。

岡田　ただ矢野については、ひとこと言っておきたいことがあるんです。

江夏　どんなことよ。

岡田　矢野が開幕に間に合わず復帰が７月18日の巨人戦までずれ込んだのは確かに痛いでしょう。でも、もっと遡《さかのぼ》って矢野が11月に手術するかしないかの話となったときに現場としては「３月の半ばくらいに実戦復帰できるかどうか」をまず聞きますよ。それで「大丈夫です」ということでヒジにメスを入れたわけですよね。まずそこじゃないですか。フロント、トレーナーも含めて阪神という組織が決定したことですよね。若い選手で「１年はリハビリでええよ」という手術とは、矢野の場合、立場が違いますよね。開幕に間に合わないならば現場は手術に反対していますよ。間に合うということでやったのに間に合わなかった。これは失敗ですよ。しかも、さあ1軍復帰となったときには、また足を怪我しましたよね。これは誰の問題なのかということなんです。リハビリの段階で壊れていたら戦力として考えていた現場はたまったもんじゃないですよ。なぜ、こうなったのか。この部分はフロントが真剣に考え直さねばならないと思うんです。

江夏　故障というものは、必ずついてまわるものだけど、それに対しての対処、対応というのは重要な部分だよな。私は、そういう事情があるにしろ自由に調整を任されていた矢野が開幕に間に合わないということは、プロとしてやってはならないことだったと思う。金本は左膝を手術して満足にキャンプもできなかったけれど、開幕には間に合わせてきたし結果も出しているじゃないか。

真弓阪神に見えないビジョン

――就任早々、秋季キャンプ前のスポーツ紙の岡田さんとの対談で、真弓監督は「岡田野球を継承する」って言われてましたよね。そのときはそう思ってたんですかね。

岡田　それはわからないですけどね（笑）。

江夏　マスコミがいる手前、そう言わないとあかんやろね。

岡田　私の場合は、真弓さんと違ったのは前年度が優勝でしたからね。でも、何をすべきかはわかっていました。なぜかと言えば、監督の前年はサードコーチでしたからね。同じチームにいたから、そこは全然違いますよ。

江夏　03年に岡田君が言ったことで強烈に覚えているのは「野球ってこんなにうまくいくんですか」という言葉だね。星野監督の2年目だったか。あの優勝した年は、もうすべてがうまくいっていたからね。でも、あの時も星野監督の辞任は突然だったよね。私は彼に「どうしたんや」と聞いたんだけど「身体がもう無理」と健康上のことを理由に語っていたけれどね。その後を引き継いだから、あなたも大変だったと思うけれど（笑）。

岡田　１年間ベンチにいたことで、やりたいことはわかってたんです。１年目の仕事として、伊良部、藪、トレイ・ムーアの先発ローテの３人を絶対に代えなあかんと思っていたんです。当時、あの３人で三十何勝はあったけれど、彼らにいつまでも任していたら、どこかで歪《ゆが》みがくる。これは絶対にあかんと思っていたんですよ。世代交代ですよね。若い先発ピッチャーを１年で探して育てなあかんということを考えていたんです。

江夏　先を見据えていたわけやね。

岡田　若手を育てる前に、このベテランの3人に自分に力のないことをわからせなあかんと思ったんです。4月の半ばだったと思うんですが、ヒットを打たれたのに伊良部がバックアップに行かない怠慢プレーをしたことがありました。それに対して球団にごっつい抗議の電話が殺到したんです。これで「ちょうどええ、伊良部を2軍に落とせるな」と思ったものです。

江夏　監督ってそんなことを思うんか（笑）。

岡田　もちろん口には出しませんが、腹の中ではそう思ってたんですよ。ちょっと打たれてくれたほうが下に落としやすいとかね。そしたら若い先発陣試せますから。

江夏　怖い職業や（笑）。

岡田　安藤は先発、そして球児と久保田は後ろ。1年間で、そういう形ができたんです。そして実際、次の3年で、先の3人は辞めてしまいましたしね。04年は4位だったんですが、8月まで勝率5割はキープしていたんです。8月勝負のつもりやったんですが、アテネ五輪が重なった。安藤、藤本《ふじもと》敦士《あつし》、オーストラリア代表のウイリアムスまで抜けた。阪神だけ3人ですよ（笑）。それでチームは借金街道に入ったんですが、藤川を試せたし、青写真通りに進んでいたから、それほど次の年への不安はなかった。でも、そういうビジョンが今年は見えませんよね。

江夏　チームを成長させたい、強くしたいという願望は誰でも持っているわけだからね。コーチの言いなりになっているだけではなく、監督ならば、自分のやりたいように色を出すべきだ。自分の我をもっと思い切って出すべきだと思う。

――それが新井のコンバートと、ＪＦＫ解体なんでしょうが……。

江夏　ただ、その出し方が問題なんじゃないかな。そういう意味で真弓野球が面白いなと思ったのは、去年岡田君があれだけ使った平野《ひらの》恵一《けいいち》を全然使わず、藤本ばかりを使った。「これで大丈夫かいな」と思ったよ。まあ、平野は出番をもらうと、いい仕事をしてるけどね。徐々に真弓カラーは出しつつあるけど、私から言わせればまだまだ弱いし、やるんだったら遠慮しないでもっと自分のカラーを出すべきだと思う。こういうチームを作りたい、だからこうするというものを、マスコミを通じてでもファンに示せばいいのに、それすらない。自分のやりたい野球、自分の使いたい選手。もっと出していい。最終的には、責任は自分で取ればいいんだからね。何の遠慮があるのか。そういうカラーの出し方がわからないのか。何か流されてやっているようで歯がゆい。

岡田　今の阪神を見ていると、意思疎通がバラバラのように見えますよね。

江夏　コーチの人選も間違っているんじゃないかと思う。ただし、自分の近鉄時代の仲間を大事にしたいという意思があるなら、どんどんそれでやればいい。失敗したら皆、身を引けば良いんだからね。

――投手交代や、人選など、投手部門の采配《さいはい》は、すべて久保コーチに任せているという話も流れています。

岡田　私も、久保投手コーチが、交代についても全部やっているという話を聞いていますが、そういう手法について正解とか、不正解とか、ええとか、悪いはないんやないですか。私が監督時代には、投手交代も、もちろん選手起用もすべて自分でやっていましたが、極論を言うならば、勝てるなら分担制でも全部まかせっきりでも、どんな手法を使ってもいい。野球は勝つか負けるかどっちかなんですからね。

江夏　そうそう。

岡田　実際、ＷＢＣでも山田久志投手コーチが投手采配をすべて受け持っていたと聞きますが、優勝という結果が出ると、何も問題にされないし、そういう手法をとった原監督も、山田コーチの評価も高まった。しかし、そういうやり方で勝てなかったら、ベンチワークや選手との信頼関係など、いろんな部分がおかしくなってくる。そういうことですよ。私は基本的には、マウンドにはピッチングコーチを行かせていた。ただ、年に何回かは、ここを乗り切らなければならないという局面があって、そこでは直接マウンドに行きましたよ。05年9月7日のナゴヤドームでの中日戦では、同点にされて9回サヨナラ負けのピンチの場面で、久保田にこうハッパをかけましたよ。「むちゃくちゃやったれ」と。この試合は2ゲーム差で追いかけられた首位決戦だったんですが、2度も変なジャッジがありましたね。抗議のために選手全員をベンチに引き上げさせた直後でした。選手にすれば「負けても打たれても監督が責任を取ってくれる」とマイナス思考が取り除かれるんですよ。結果は久保田が、ここを抑えて、優勝への重要なターニングポイントとなる試合になりました。

江夏　あの試合は覚えているよ。

岡田　基本的には、そういう役回りはピッチングコーチに任せていました。久保からは、常に「今、準備しているピッチャーは誰と誰です」という報告をもらっていて、最終決断するのは監督なんですよ。ピッチャー交代もピッチングコーチの言う通りにする完璧《かんぺき》な分業制を採用しても、失敗して負けて、最終的に、その責任を監督が取るならそれでいい。

しかし、結果が出なかった時に「ピッチャー交代をしたのはコーチだから責任を取るのはコーチ」となるのはおかしいですよね。

江夏　そこだよな。失敗しても残る人は残る。身を引かなければならない人だけが引くというようなことをやったら、ちょっとそれは違うよね。

岡田　某コーチの話ですけど「他の球団からオファーがあるんです」というような話がシーズン中に出てきています。私は「何や、それ！」と文句を言ったけれど、コーチがそんな気持ちでやっていたなら勝つのは無理ですよ。選手のモチベーションの大切さを語ってきたけれど、それはコーチのモチベーションの部分も一緒なんですよ。

カーブを投げられなかった私を救ったコーチ——江夏豊

これは有名な話になっているが、私は、プロに入ったときにカーブを投げることができなかった。過去、プロ野球に高校・大学・社会人から何百、何千というピッチャーが入っただろうけれど、ストレートしか投げることができずに入団したのは、私くらいではないだろうか。実は、大阪学院高時代にカーブを会得しなかった理由に、３００勝投手の鈴木《すずき》啓示《けいじ》の存在が大きく影響している。

大阪学院高に江夏ありと騒がれだして、私も自信を持ち始めていた2年のときに兵庫県の育英高校と練習試合があった。育英のエースが、1学年上の鈴木である。そのピッチングを見た時に私の天狗《てんぐ》になっていた鼻が折れた。星飛《ほしひ》雄馬《ゆうま》が現実の世界に降りたと言ってもいい。真っ直ぐは恐ろしく速く、カーブはとんでもない落差で落ちた。「高校生にこんな凄いピッチャーがいるのか」と私は衝撃を受けた。試合は、延長15回の0―0の引き分けで終わった。私が獲った三振が15回で15個。鈴木が奪ったのが、27個。私は、4番を打っていたが、1球も掠《かす》らなかった。自分の野球人生の中で、1つのエポックとなる出来事だった。あのカーブをなんとか投げたいと思った。ある日、監督に「カーブを教えて下さい」と言った。すると「真っ直ぐでストライクが入らない男が、何がカーブじゃ！　出直して来い！」とぶっ飛ばされたのである。

考えてみれば、私は1試合で三振を15個獲っても四球を10個は出すピッチャーだった。

結局、私は、甲子園に出ることができなかった。鈴木は阪神入りを希望していたが、阪神が選んだのは石床幹雄《いしどこみきお》という投手で、鈴木は近鉄に入団する。その翌年、私は阪神に指名されるのだが、もし鈴木が阪神に行っていたなら、2年連続サウスポーの獲得補強はなかったろうから、私が阪神のユニホームを着ることはなかっただろう。その後、鈴木とは、共に遊び、共に土地でも買おうと算段するほどの仲になるのだが、不思議な縁である。

前置きが長くなったが、入団してすぐ、春の安芸《あき》キャンプのブルペンで当時の川崎徳次《かわさきとくじ》投手コーチに「江夏！　次はカーブを投げてみろ！」と指示を受けた。私が困った顔で「カーブは投げれません」と言うと、ブルペンにいた報道陣だけでなく見物客まで腹を抱えて笑った。西鉄ライオンズで最多勝を取るなど活躍され、西鉄監督まで務めた経験のある川崎コーチも「お前カーブも投げれないでプロの世界に入ってきたのか」と呆《あき》れた顔だ。当時、阪神のカーブピッチャーと言えば、権藤正利《ごんどうまさとし》さんだった。縦に鋭く落ちるカーブは球界随一の落差で「懸河《けんが》のドロップ」と呼ばれていたほどだ。私は思い切って「カーブの投げ方はどうすればいいんですか？」と聞いた。

権藤さんは「カーブはこれだけでいいんだ」と親指でボールを抜くような動作をした。権藤さんは、小さい頃に竹トンボを作っていて過ってナイフで人差し指の先端を1センチほど削《そ》ぎ落とす事故を起こし、指が曲がっている。だからそういう抜き方でボールが曲がる。でも、私は全然曲がらなかった。交告弘利《こうけつひろとし》さんや、杉本郁久雄《すぎもといくお》さんらの左腕にも教えを請うたが、ピタリとはこずに最終的には若生智男《わこうともお》さんに教えてもらった。若生さんが教えてくれたのは、親指を使ってボールに縦の回転を与える、昔のドロップ式のカーブだった。それを一生懸命に練習したけれど、それでも思うようにボールは曲がらずにすっぽ抜けばかりだった。カーブ会得で開眼したのは、2年目の春。林義一《はやしぎいち》さんというコーチとの出会いである。

「こういうやり方もあるよ。これがダメならこういうやり方もあるよ」

これまでの、ああしろ、こうしろの軍隊方式だったコーチから一転して、選手の意思を尊重してくれるコーチだった。顔では「はい」と返事をしながら内心「ふん」と横を向くことがほとんどだった私は、1人の大人として認められている気がして、林さんの言葉には素直に耳を傾けることができたのである。これは指導者の方法論の1つで、私にはピタリとあてはまったわけである。十人十色というが、人間は100人いれば100人色が違う。まして個性の強いプロ野球選手となればなおさらである。最近は、軍隊方式の指導者が減ったとは聞いているが、教えられる側の心理や性格を吟味して、人それぞれに応じた指導法を考えることは指導者には重要なことである。

「江夏君のカーブは抜けるよね、ならば手首で放ってみればいいんじゃないの？　ただしこの投げ方を習得するには手首が柔らかくなければいけないよ」

林さんは、手首を使った投げ方を伝授してくれ、そして、手首の鍛え方まで教えてくれた。お風呂《ふろ》に入ったときに、熱い湯船の中で桶《おけ》を手首を使って動かす。ゴムボールでいいから仰《あおむ》向けになって絶えず天井に向かってボールを投げる。それから私は、宿舎で時間さえあれば、寝転がって天井に向かって当たらないようにゴムボールを投げていた。周りの人間は「何をバカなことを」と笑っていたけれど、私は真剣だった。技術というのは、少しずつでも身につけ成長を実感すると、「よし！　次はこうやろう」と欲が湧いてくる。

私は、この年、カーブを会得することに成功した。

第2章　フロントは変わったのか？

万年2位では思い切った補強ができない

岡田　今の阪神でもAクラスの力は元々あると思うんですよ。優勝は、そら紙一重ですからね。ただ、面白いのは、2位、3位のチームは、翌年、あんまり優勝しません。

江夏　4位か。

岡田　そうなんです。そらもう絶対4位ですよ。チームを変えれるのは。

江夏　4位くらいのチーム成績が、一番動きやすい。これは岡田理論やな。私も、その理論は、なるほどなと思う。

岡田　これは江夏さんが阪神時代に実感されていると思うのですが、万年2位では、あんまりフロントが補強をしてくれへんのですよ。もうちょっとで勝てると思われとるから（笑）。球団にとっては2位くらいが一番いいですよね。補強せんでええし、金も使わんでええわけですからねえ。

江夏　思い切って動けるのは4位だね。それも勝率が5割前後、できれば5割以上の4位がベストだな。

岡田　85年も03年も05年も、阪神の優勝の前年はみんな4位ですよ。2位から優勝というのは一度もないんです。

江夏　現場の人間としては勝ちたいという願望があれば思い切って動けるのは4位だね。

岡田　巨人も07年の優勝の前年は4位なんですよ。

江夏　今年は混戦模様になってるけど、やはり巨人は安定して強い。これは、なんぼ阪神が5割にいったところで、来年はしんどいと思うよね。巨人を叩《たた》かないことには。

岡田　ただ怖いのは、阪神は85年の優勝の後に低迷しました。92年に一度優勝争いしましたが、その後もさっぱりです。03年の優勝以降は、常に優勝争いのできるチームに立て直してきましたが、ここで再び、そういう暗黒時代に落ち込む可能性があるということです。1回落ちると、なかなか上げるのは難しいですよ。

江夏　だから、09年のうちに手を打っておかねばならないんだよね。

岡田　そうなんです。来年を見据えたチーム編成なんです。若手の起用ですよ。今年は1軍のキャンプに新人を誰一人連れていきませんでした。故障が原因と聞きましたが、2軍で「膝《ひざ》痛い、痛い」なんて言っていた選手が1軍に上げてから「どうや？」と聞くと「大丈夫です」ってなるんですよ（笑）。林なんかもそうでした。それが選手のモチベーションでしょう。柴田講平《しばたこうへい》と上本博紀《うえもとひろき》の機動力のある大卒ルーキーコンビは、1軍に連れていくべきでした。

江夏　確かにな。

岡田　恒例になっていますが、2月の終わりにオリックスとオープン戦の初戦を安芸でやりますよね。ここでのスタメンは1番センターで柴田か、高濱卓也《たかはまたくや》、2番セカンドで上本ですよ。阪神にもこういうスピードのある若い選手がいますよということをファンには見せてあげないといかんでしょう。プロなんですから。それが定石どおりに、赤星、関本の1、2番でした。これはあきませんよ。

江夏　新戦力の披露はなかったな。

岡田　柴田は足が速いのが持ち味ですよ。外野で国際武道大出身。それこそキャンプで1か月間、赤星にストーカーのようにつけて、赤星がどういった走り方をするのか、どういう風に盗塁のタイミングを計るのかを見せてやらなあかんでしょう。それが必要やないですか。使えるか使えないかの前に、土俵にあげてやらなあかんですわ。もしキャンプで赤星につけて英才教育を施していたら、赤星が故障で出れなくなった段階で使えたと思うんです。チャンスをつかむ選手って、そういうケースで出てきますよ。そこから先は、柴田の力量の問題になってきますがね。

――あくまで仮定ですが、岡田監督が09年も続投ならば、どうだったとお考えですか？

江夏　それは神のみぞ知るだからな。それはわからん。借金がもっと多かったかもしれないし、反対に貯金が2桁《けた》あったかもしれん。たられば言ってもしょうがないことだよね。ただ言える事は、もっとチームの方針はハッキリ出していただろう。

岡田　そうですね。どうなっているかわかりませんね（笑）。まず外国人が違っていました。メンチはいません（笑）。守備位置もそのままですよね。ピッチャーで言えば、白仁田、石川、上園らを使っていましたね。さっきの話じゃないですが、オープン戦の開幕は、1番柴田、2番上本です。でも重要なのは秋のキャンプなんです。去年の秋キャンプの中身を私は知らないんですが、ここである程度、春に抜擢《ばってき》する選手のメドをつけなければなりません。例えば岩田が行けると判断したのは、07年の秋季キャンプだったわけですから。

江夏　岡田君には5年の監督経験があるわけだから岡田色というのは出てきていただろう。私が、真弓監督に求めているのは、そこなんだよね。しっかりとしたカラーを出すということなんだ。

年	監督	開幕投手	開幕4番	試合	勝	敗	分	勝率	位	防御率	打率	本塁打
1984	安藤統男	野村収	掛布雅之	130	53	69	8	.434	④	.264	4.46	165
1985	吉田義男	池田親興	掛布雅之	130	74	49	7	.602	①	.285	4.16	219
1986	吉田義男	池田親興	掛布雅之	130	60	60	10	.500	③	.271	3.69	184
1987	吉田義男	キーオ	掛布雅之	130	41	83	6	.331	⑥	.242	4.36	140
1988	村山実	仲田幸司	バース	130	51	77	2	.398	⑥	.248	3.82	82
1989	村山実	仲田幸司	岡田彰布	130	54	75	1	.419	⑤	.257	4.15	135
1990	中村勝広	中西清起	パリッシュ	130	52	78	0	.400	⑥	.252	4.58	135
1991	中村勝広	野田浩司	岡田彰布	130	48	82	0	.369	⑥	.237	4.37	111
1992	中村勝広	葛西稔	オマリー	132	67	63	2	.515	②	.250	2.90	86
1993	中村勝広	仲田幸司	オマリー	132	63	67	2	.485	④	.253	3.88	86
1994	中村勝広	湯舟敏郎	オマリー	130	62	68	0	.477	④	.256	3.43	92
1995	中村勝広	湯舟敏郎	グレン	130	46	84	0	.354	⑥	.244	3.83	88
1996	藤田平	藪恵壹	石嶺和彦	130	54	76	0	.415	⑥	.245	4.12	89
1997	吉田義男	川尻哲郎	桧山進次郎	136	62	73	1	.459	⑤	.244	3.70	103
1998	吉田義男	藪恵壹	パウエル	135	52	83	0	.385	⑥	.242	3.95	86
1999	野村克也	藪恵壹	ブロワーズ	136	55	80	0	.407	⑥	.259	4.04	97
2000	野村克也	星野伸之	新庄剛志	136	57	78	1	.422	⑥	.244	3.90	114
2001	野村克也	星野伸之	クルーズ	140	57	80	3	.416	⑥	.243	3.75	90
2002	星野仙一	井川慶	アリアス	140	66	70	4	.485	④	.253	3.41	122
2003	星野仙一	井川慶	濱中おさむ	140	87	51	2	.630	①	.287	3.53	141
2004	岡田彰布	井川慶	金本知憲	138	66	70	2	.485	④	.273	4.08	142
2005	岡田彰布	井川慶	金本知憲	146	87	54	5	.617	①	.274	3.24	140
2006	岡田彰布	井川慶	金本知憲	146	84	58	4	.592	②	.267	3.13	133
2007	岡田彰布	下柳剛	金本知憲	144	74	66	4	.529	③	.255	3.56	111
2008	岡田彰布	安藤優也	金本知憲	144	82	59	3	.582	②	.268	3.29	83

阪神の年度別成績（2リーグ12球団制以後）

年	監督	開幕投手	開幕4番	試合	勝	敗	分	勝率	位	防御率	打率	本塁打
1958	田中義雄	渡辺省三	大津淳	130	72	58	0	.554	②	.238	2.55	88
1959	田中義雄	小山正明	藤本勝巳	130	62	59	9	.512	②	.237	2.37	76
1960	金田正泰	村山実	藤本勝巳	130	64	62	4	.508	③	.242	2.62	87
1961	金田正泰	小山正明	藤本勝巳	130	60	67	3	.473	④	.244	2.60	80
1962	藤本定義	小山正明	藤本勝巳	133	75	55	3	.577	①	.223	2.03	64
1963	藤本定義	小山正明	藤本勝巳	140	69	70	1	.496	③	.239	3.20	95
1964	藤本定義	村山実	山内一弘	140	80	56	4	.588	①	.240	2.75	114
1965	藤本定義	村山実	遠井吾郎	140	71	66	3	.518	③	.220	2.47	94
1966	杉下茂	村山実	遠井吾郎	135	64	66	5	.492	③	.233	2.52	81
1967	藤本定義	村山実	山内一弘	136	70	60	6	.538	③	.245	2.60	101
1968	藤本定義	村山実	カークランド	133	72	58	3	.554	②	.229	2.67	119
1969	後藤次男	江夏豊	カークランド	130	68	59	3	.535	②	.222	2.41	114
1970	村山実	江夏豊	バレンタイン	130	77	49	4	.611	②	.245	2.36	110
1971	村山実	江夏豊	遠井吾郎	130	57	64	9	.471	⑤	.220	2.76	101
1972	村山実	古沢憲司	遠井吾郎	130	71	56	3	.559	②	.239	3.00	125
1973	金田正泰	江夏豊	田淵幸一	130	64	59	7	.520	②	.234	2.82	115
1974	金田正泰	江夏豊	田淵幸一	130	57	64	9	.471	④	.237	3.45	136
1975	吉田義男	江夏豊	田淵幸一	130	68	55	7	.553	③	.252	3.34	128
1976	吉田義男	古沢憲司	田淵幸一	130	72	45	13	.615	②	.258	3.54	193
1977	吉田義男	江本孟紀	田淵幸一	130	55	63	12	.466	④	.267	4.38	184
1978	後藤次男	江本孟紀	田淵幸一	130	41	80	9	.339	⑥	.254	4.79	139
1979	ブレイザー	江本孟紀	竹之内雅史	130	61	60	9	.504	④	.268	4.15	172
1980	ブレイザー	小林繁	掛布雅之	130	54	66	10	.450	⑤	.262	3.73	134
1981	中西太	小林繁	掛布雅之	130	67	58	5	.536	③	.272	3.32	114
1982	安藤統男	小林繁	掛布雅之	130	65	57	8	.533	③	.262	3.44	118
1983	安藤統男	小林繁	掛布雅之	130	62	63	5	.496	④	.274	4.22	169

岡田　真弓監督とフロント、つまり南社長とは話しているんですかね？　なかなか借金が2桁に増えてしまってから立て直すのはむずかしいですよ。もっと早い段階で次々と手を打っていかないとあきません。でも手を打つと言うてもねえ。

江夏　真弓監督は2年契約か。でも契約なんて、この世界では、あってないようなもんだろう。横浜の大矢《おおや》明彦《あきひこ》監督も一緒だよ。彼も契約途中だった。「なんで辞めてん？」と球場で聞いたら「辞めさせられた。オレは自分から辞めたんじゃないぞ」と言う。彼には、ずっと「自分から辞めたら承知せんぞ」と言い続けていたんだけど、彼は辞任をしなかったが、結局辞めさせられた。そういうケースはあるわけだからね。だから、なおさら、今、自分のやりたい事、やりたい方針、やれる事をキッチリとやるべきだと思うよね。その方が納得すると思うよね。せっかく阪神の監督になりながら、自分のカラーが出せなかったら何か寂しいと思うんだよね。

なぜ外国人選手獲得が下手なのか？

――阪神には、過去にランディ・バースに代表されるように大成功した外国人選手もいました。江夏さんの現役時代の記憶の中ではいかがですか。

江夏　私の時は、助っ人と呼べたのはピッチャーではジーン・バッキー、バッターではウィリー・カークランドだけよ。私とちょうど入れ替わりで昭和51年に入ったハル・ブリーデン、マイク・ラインバックが活躍するまでは、しばらく外国人の暗黒時代が続く空白の時期となっている。その間、酷《ひど》いのも一杯いたよなあ。キャッチボールのできない外国人選手がいたからね。「なんでこんなの獲ってくるのか」と理解に苦しむような選手がたくさんいたね。

岡田　当時外国人担当の編成は誰がやってたんですか。

江夏　誰がやってたのかなあ。フロントやないけど、メジャーに詳しい歯医者さんとかがいたな。

岡田　その人は、担当や社長と一緒にアメリカまで選手を見に行ってましたよ。

江夏　その後、私は阪神にいなかったけれど、中日からロバート・テーラー、ロッテからジョージ・アルトマンと、今みたいに他チームで経験のある外国人を獲得していたよね。

岡田　私の時はバースとセシル・フィルダーです。バースは3冠王を2度、フィルダーは1年で帰りましたが、本塁打を38本打ちました。81年から94年まで外国人窓口として獲得に動いていたのは、本多《ほんだ》達也《たつや》でしたね。今は、彼も阪神にいません。

江夏　そういう優秀な人材はすぐいなくなる（笑）。

岡田　先ほど話しましたが、現在はオマリーとシーツが向こうで選手を見ていることになっています。私から言わせると、ただ住んでるだけですけど（笑）。一応、ビデオで候補を絞ってから現地にはこちらからスタッフが見にいきます。去年のシーズン途中に、クリス・リーソップを獲得した時には山口高志《やまぐちたかし》さん（現1軍投手コーチ）が見に行きました。右の外国人のときも、立石充男《たていしみつお》（現2軍守備走塁コーチ）が見に行っていました。でも、その人達は最終確認ですから、獲る、獲らないという責任のあることはなかなか発言できませんよね。

江夏　普通に考えたらメジャーも30球団もあって大変なわけで、いい選手は日本へ流れ込んでこないよね。アメリカも選手層が薄くなっているわけだからね。

岡田　今は、いい外国人選手は、日本でも3球団、4球団と渡り歩く時代ですからね。活躍している選手は、ほとんど複数の球団でプレーしていますね。そして移籍する度に年俸は上がっていきます。セス・グライシンガーにしてもタイロン・ウッズにしてもそう。ファンの人々が考えているより恐ろしく高い金額です。あれだけ高くなって札束競争になると阪神は勝てません。球団も、そこまでする方針はありませんしね。私も反対です。ウチも広島からシーツは獲りましたが、そう高くはありませんでしたからね。でも、日本球界を知っている選手が一番計算できるんです。ブラゼルにしてもそうでしょう。新しい外国人が1年目からボンボン打ってくれるというのは難しいんです。

江夏　そうだね。新外国人というならば、韓国や台湾のほうが確実かもしれないな。

幻に終わった韓国代表スラッガー獲得計画

岡田　一応、韓国、台湾にはルートはあります。私の構想としては09年には、クルーズに加えて、もう１人獲得を決めていた選手が韓国にいたんです。

江夏　そうなのか。

岡田　実は、去年、ＷＢＣで韓国のファーストを守って日韓初戦で松坂からドームの看板直撃の特大のアーチを打ったキム・テギュンは阪神で決まっていたんですよ。韓国の選手は元メジャーと比べるとずいぶんと安い資金で獲得できるんです。彼の年俸は、韓国で日本円の３０００万円もありませんでした。しかも、嫁さんと離婚して慰謝料を払わなあかんというような情報まで流れてきて「絶対に来るやろう」となってたんです。じゃあ、「行こ！　行こ！　それで」って。夏くらいには、もう決まってたんですよ。

江夏　それが何でダメになった？

岡田　フロントの一部から「守備が今岡より下手や」という意見が出たんです。「今岡より下手でも守備固めはおるんやから獲って欲しい」と主張したんですが、もう、その時点ではあかんようになっていました。

江夏　韓国は軍があって兵役があるから、それが最大のネックではあるけれどね。しかしフロントは「獲れ」と圧力をかけることはなくなってきたと、あなたはさっき話していたけれど「獲るな」があるんだね。本当に不思議な球団だ。ただ台湾野球というのはよくわからんね。

岡田　台湾の選手は性格がダメですよね。のんきというか執着心がない。国民性ですかね。

江夏　アメリカ人が台湾野球へ助っ人で入団すると、たいがいは1年で帰ってくるらしいね。台湾という国が理解できないというのが理由だと聞くよ。だって拳銃《けんじゅう》を前において契約交渉をするんだよ（笑）。これは台湾でコーチ経験のある西武の渡辺久信《わたなべひさのぶ》監督から聞いた話なんだけどね。

岡田　やはり歴代最高の外国人選手はバースでしょう。彼は、非常に頭を使うバッターだった。配球も読むし、川藤幸三《かわとうこうぞう》さんに将棋を教えてもらい身に付けるなどしてチームに溶け込み、日本の文化を理解しようとした。外国人選手にとって最も重要なのは、日本の野球文化を理解しようとする姿勢なんです。外国人で2ストライクに追い込まれてからバットを少し短く持ったスラッガーを初めて見た。だから打てる。ウォーレン・クロマティもそう。彼らに共通するのは、そういう対応力なんです。そこまで見極めた上で獲得できればベストなんですが、そう簡単な話ではない。

――8月に南社長がヤンキース、ブレーブスを訪問するなどして、フロントは外国人選手の新たな獲得ルート開拓についてようやく本腰を入れ始めたようですね。

岡田　いずれにしろ今年の阪神だけでなく外国人にどうしても頼らざるを得ない状況は続きますね。純和製で揃えられれば、それが理想ですが……。

江夏　難しいね。だから外国人は、もう1年ポッキリの助っ人という感じで捉《とら》えておけばいいんじゃないか。それより大切なのは若い人をしっかり育てていくことじゃないかな。今の野球ファンはそれを待ってくれるもの。助っ人を見たいんじゃない。若い人が下から這《は》い上がってくるのを結構、気長に待ってくれる。ネット社会となって、今の野球ファンは、いろんな情報も持っているしね。昔の野球ファンは即使えないと応援しないみたいなところがあったけれど、今は変わってきた。これはいい流れだと思っている。

1989	投手	キーオ
	野手	フィルダー
1990	投手	キーオ
	野手	パリッシュ　ウィッグス
1991	野手	オマリー　ウイン
1992	野手	オマリー　パチョレック
1993	投手	郭李建夫
	野手	オマリー　パチョレック
1994	投手	郭李建夫
	野手	オマリー　ディアー
1995	投手	郭李建夫
	野手	クールボー　グレン　デービス
1996	投手	郭李建夫
	野手	クールボー　クレイグ　マース
1997	投手	郭李建夫　マクドナルド
	野手	コールズ　ハイアット　グリーンウェル　シークリスト
1998	投手	郭李建夫　リベラ　メイ　クリーク
	野手	パウエル　ハンセン　ウィルソン
1999	投手	リベラ　メイ　ミラー
	野手	ジョンソン　ブロワーズ
2000	投手	ミラー　ハンセル　ラミレズ
	野手	タラスコ　バトル　ハートキー　フランクリン
2001	投手	ハンセル　カーライル
	野手	クルーズ　ペレス　エバンス
2002	投手	カーライル　ムーア　バルデス　ハンセル
	野手	アリアス　エバンス　ホワイト
2003	投手	ムーア　ポート　ウィリアムス　リガン
	野手	アリアス
2004	投手	ウィリアムス　モレル　リガン　ホッジス　マイヤーズ
	野手	アリアス　キンケード
2005	投手	ウィリアムス　ブラウン　クビアン
	野手	シーツ　スペンサー
2006	投手	ウィリアムス　オクスプリング　クビアン
	野手	シーツ　スペンサー
2007	投手	ウィリアムス　クビアン　ボーグルソン　ジャン
	野手	シーツ
2008	投手	ウィリアムス　アッチソン　リーソップ
	野手	フォード
2009	投手	ウィリアムス　アッチソン　リーソップ　ジェン
	野手	バルディリス　メンチ　ブラゼル

阪神の歴代外国人選手

1960	野手	ソロムコ
1961	野手	ソロムコ
1962	投手	バッキー　ブラウンスタイン
	野手	ソロムコ
1963	投手	バッキー
	野手	ソロムコ　ヤシック
1964	投手	バッキー　バーンサイド
	野手	ベルトイア
1965	投手	バッキー　バーンサイド
	野手	フェルナンデス
1966	投手	バッキー
1967	投手	バッキー
	野手	クレスニック
1968	投手	バッキー
	野手	カークランド
1969	野手	カークランド　ゲインズ
1970	野手	カークランド　バレンタイン
1971	野手	カークランド
1972	野手	カークランド　マックファーデン
1973	野手	カークランド
1974	野手	テーラー
1975	野手	テーラー　アルトマン
1976	野手	ブリーデン　ラインバック
1977	野手	ブリーデン　ラインバック
1978	野手	ブリーデン　ラインバック
1979	野手	ラインバック　スタントン
1980	野手	ラインバック　ヒルトン　ボウクレア
1981	野手	オルト　ラム　デード　ゴンザレス
1982	野手	アレン　ジョンストン　ラム
1983	投手	オルセン
	野手	アレン　ストローター　バース
1984	投手	オルセン
	野手	バース
1985	投手	ゲイル
	野手	バース
1986	投手	ゲイル
	野手	バース
1987	投手	キーオ
	野手	バース
1988	投手	キーオ
	野手	バース　ジョーンズ

信じがたい暗黒時代のフロントの実態

――江夏さんは、阪神のフロント暗黒時代を経験されてますが、お家騒動が代名詞だったフロントも変わってきていますか。

江夏　そりゃフロントも変わっているだろう。私たちの時代から見れば１００％変わってるんじゃない。昔はひどかったよね。思い出すよな。阪神電鉄本社のテーブルひっくり返して帰ったこと……。

岡田　契約更改か何かの話ですか？

江夏　違う、違う。昭和48年、残り2試合で1勝すれば優勝という時の話よ。あの時、パ・リーグはプレーオフを導入していて、報知新聞から私は観戦記の依頼をされていてね。だから昼間は大阪球場でプレーオフを見て、それから名古屋に入ろうと思っていた。すると、その前の晩に球団から連絡があって、プレーオフの試合前に西梅田の阪神電鉄本社に呼び出されたんだよ。あと1勝したら優勝よ。「ボーナスの話でもあるんかな」と、喜び勇んで報知新聞の車に記者を待たせたまま、本社に向かったのよ。通された部屋のドアを開けたら当時の長田《おさだ》睦夫《むつお》球団代表と鈴木《すずき》一男《かずお》常務が難しい顔をして座っていてね。「なんの話なんやろう」と思ったら、「勝ってくれるな」と言うのよ。勝てば選手の年俸はアップするし、金がかかるからな。優勝争いの2位が一番理想やったんやろうな。長田代表は「これは金田《かねだ》正泰《まさやす》監督も了解しているから」と言うのよ。

岡田　本社が負けろと？

江夏　カーッとしてな、テーブルをダンッとひっくり返して帰ってきた。それが当時の阪神やったな。怒って車に帰って、報知新聞の記者に中身を話したら、「これは原稿にでけへんぞ。これは俺とお前の腹に収めておこう」ということになってね。それからプレーオフを見てから名古屋に入った。そこで「江夏！　先発は明日や」と言われた。

岡田　当時は、上田《うえだ》次《じ》朗《ろう》さんが中日に相性がよくて、本当なら次朗さんが先発予定だったんですよね。

江夏　当時、次朗は中日に8勝していて分がよかったのよ。私は3勝くらいで特に中日球場では勝ってなくて、あまり相性はよくなかった。だけど現場としては1日でも早くここで（優勝を）決めたいという気持ちがあったんやろうね。だから私が10月20日の中日戦に先に投げることになった。もちろん本社の「勝たんでくれ」なんて言葉は無視やし頭にもない。でも「早く勝ちたい」という気持ちがあってカッカしてるから、結局5回で3点取られた。相手の投手は星野仙一。緩い球や。キャッチャーは木俣《きまた》達彦《たつひこ》さんで打席で「次の球はなんや」と全部教えてくれる。みんなど真ん中。それが打てんかった。力んでしまってな（笑）。結局、2―4で敗れた。１３０試合目となる10月22日の甲子園での巨人戦に勝てば優勝やったんやけど向こうは高橋《たかはし》一三《かずみ》で、こっちは次朗が投げて0―9で完敗した。試合後は、ファンがなだれこんで王さんを下駄《げた》でどついたり、めちゃくちゃになった。

——本社が「勝ってくれるな」と言った話は本当だったんですね。

江夏　そうよ。

岡田　とんでもない話ですね。

江夏　それが当時の阪神だった。2位なら給料も上げなくていいし客は入る。そういうことだったんだろう。私も初めての経験だから最初は「この人たち、何を言ってるんだろう」と思った。本当に今考えても胸くそ悪くなる話だな。それに比べたら今はずいぶん良くなっていると思うよ。上の人からあんな言葉なんて聞きたくないし、そういう思いをするのは、もう私だけで十分だと思うね。

——当時からお家騒動が阪神の定番でした。監督人事については外部の人間が介入していたと聞きます。

江夏　いやあ、それはわからなかったな。ただ覚えてるのは、私が入団した昭和42年と43年は、まるで、おじいちゃんと孫みたいな関係だった藤本定義《ふじもとさだよし》さんが監督で、44年はクマさんこと後藤次男《ごとうつぐお》さんにつないだ。クマさんのときは2位だったんだけど、1年だけの暫定政権のような形で、45年は、よっさん（吉田義男《よしだよしお》）、村さん（村山実《むらやまみのる》）の、どっちが監督をやるかということでお家騒動と呼ばれる激しい争いがあったよね。あの両者の監督を巡っての戦いは、そりゃあ選手も巻き込まれて凄《すご》かったよね。それで44年の12月。今でもハッキリと記憶があるんだけど、私が宮崎に釣りに行ってるときに、村さんから電話があって、「おい！　決まったぞ。よろしく頼むな」と。それで45年から兼任監督や。46年はスタートから成績が悪くて、途中で金田正泰に代わったんだ。当時は、ややこしかったね。私も上手い具合に金田監督の口車に乗せられて、永平寺《えいへいじ》に行ったりね。

岡田　山ごもり修行ですか。

江夏　そうそう。永平寺には1週間の修行で行って、朝4時半に起きて、1日に10度くらい禅を組むわけよ。部屋も自分達で掃除しなきゃならん。腹が立ったのは、あのおっさんは何もしやがらへん（笑）。こっち1人に掃除をすべてさせてね。いくら年寄りだと言っても一緒に修行しているんだからムカッとするよな。それがあってから一言もしゃべらんかった。あの時は、人間の側面を見たね。シーズン中も、こっちが調子がいいと「いいぞ、いいぞ」と言っていて、悪くなると裏で悪口を言うような人だった。

岡田　私が入ったのは昭和55年で、そのときは、小津《おづ》正次郎《しょうじろう》さんが代表だったから、フロントに対しては、そんな悪い印象はなかったんですけどね。「オズの魔法使い」や「コンピューター付きブルドーザー」と言われて、ちょうどチームを改革している時で2軍の練習場として浜田球場を作ったり、ロッカーを改装したり、今までと違ったことをやろうとしていたんですよ。

江夏　昭和51年に私が出されて、53年に田《た》淵《ぶち》幸一《こういち》が出されて、その後、徐々にそういうのはなくなっていったのかな。

——江夏さんのトレードは、阪神が江夏豊、望月《もちづき》充《みつる》、南海が、江《え》本《もと》孟紀《たけのり》、長《は》谷川《せがわ》勉《つとむ》、池内《いけうち》豊《ゆたか》、島野《しまの》育夫《いくお》の2対4トレードでした。

江夏　よっさんをいつまでも「この野郎!」と思っていてもしょうがないから挨拶《あいさつ》はするよ。でも人間として許せない部分があるよね。

岡田　何があったんですか。

江夏　新聞で「江夏トレード」の記事がずいぶん出てきたので、あの人に「トレードはあるの？」と直接聞いたら「お前は絶対に出さん」と断言したんだ。さらに許せなかったのは、自分だけじゃなく、あの人と懇意にしていた私の家族にまで連絡して「江夏は出しません」と言っていた。私だけを騙《だま》すのはいいけどね。成績も下がっていたし、野球選手なんだからトレードもある。ある程度の覚悟はあったよね。昭和51年1月28日、昔の阪神の球団事務所は、梅田の桜橋の北にある、線路際の掘っ立て小屋だった。雨の降っている日でね。そこに呼び出されて社長から通告された。もう来るべきモノが来たかと思ったが、一方で、まさか自分が出されるかという思いもあった。でも、許せないのは、やり方だよね。トレードを通告されてから、あの人は「わしは知りませんでした、ワッハッハ」だよ。これが1軍の将の態度かな。堂々と言ってくれればいいんだよ。人間として忘れたらいけないものもあると思うし、それが私の生き方だからね。引退した後のキャンプ巡りで、何十年ぶりに会ったときに「すまなかったと思います。当時の社長から知らなかったという風にしておいてくれと言われていたんです。今、初めて謝ります」と謝罪してこられたのだが……今でも、現場で会うと、あの人は目を逸《そ》らすよね。

岡田　田淵さんもトレード通告されたのは夜中だったみたいですね。

江夏　ブチも夜中に呼び出されてひどかったらしいな。そういう選手を人間とも思わない人たちがフロントにいたんだよね。

――阪神は常に野球を知らない本社の人間が口出しするという構図がありますよね。

岡田　本社の役員で球団社長として来たのは小津さんからやないかな。だから、あの人には、ある程度権限があったよね。

江夏　阪神には、いろんな歴史があって、Kさんという夕刊紙の新聞記者が、昭和20年代の藤村富美男《ふじむらふみお》監督排斥運動から、ずっと監督問題に介入したりしていた。甲子園の阪神巨人戦は私たち選手でも10枚か20枚くらいしかチケットが手に入らないのに、このKさんは、束でチケットを持っていた。「おお、切符がいるんか？　やるでぇ」って。「何で？」と思ったよな。電鉄本社に肩で風切って入っていっていたというやないの。でもこのKさんには、私はずいぶんと可愛がってもらった。黒い霧事件のときに、ある一般紙の記者からずいぶんと失礼な取材を受けた。そのときに横にいたKさんが、その記者をぶん殴ったりしてね。なんともいえぬ正義感のある人だった。阪神のフロントに介入していたKさんがいいとか悪いの問題じゃなくて、そういう外部の人間に意見を聞くフロントが組織としておかしかったよね。

岡田　わけのわからん人が多かったですよね。「なんでこいつがここにおんの？」みたいなのが結構ありましたよ。「阪神人事を動かす黒幕」なんて言葉も、オフになったらよくスポーツ新聞に出ていましたよね。黒幕って誰やねんって（笑）。

江夏　さっき話に出たメジャーに詳しい歯医者も、平気で現場に出入りしていたもんな。でも、さすがに最近は、この手の話はないやろう？

岡田　そうですね。さすがにもうロッカーやクラブハウスには、わけのわからん部外者は来ないですね。

江夏　それが当然。昔がおかしかったんだよ。

岡田　もう今は、監督の人事などに関しても、外部の人間が動いたり、そういうおかしいことはなくなっているようですが……。

“お家騒動”はなくなったのか？

江夏　今回の真弓監督というのは岡田君が急にやめると言い出したからだけど、意外にスムーズに決まったね。過去の例からすれば、いろいろ名前が出てなかなか決まらないんだけど、今回は、そういうドタバタがなかった。裏で何か外部からの働きかけがあったのかなと思うくらいだった（笑）。

岡田　おそらく外部が働きかけている時間もなかったんじゃないですか（笑）。私が急に言ったから準備ができなかった。これは申し訳ない気持ちです。９月くらいから「負けたら辞める」と社長には言ってはいたんですが、これは優勝していればない話ですから。最後の最後までわからない。それにフロント組織も外部の人達の意見で動くようなものではなくなっているんでしょう。

江夏　理由は何にしろお家騒動的なものがなかったのはいいことですよ。

岡田　今はほとんどのコーチが阪神のＯＢになったでしょう。これまでは、指導者の人材不足でした。やっと生え抜きがコーチになれるようになった。中村勝広さんと私とは８つ違いなんですが、中村さんから、私の世代の８年間にドラフト指名された選手でコーチになった人はゼロですよ。それだけ人材がいなかったんです。私がコーチになってから、木戸、中西清起《なかにしきよおき》、吉竹、平田《ひらた》勝男《かつお》らのＯＢがやっと機能してきました。野村克也《のむらかつや》さん、星野さんが監督のときは同時にコーチも外から入ってきていました。こうなると長いスパンで路線は築かれません。その監督が辞めれば同時にコーチも去っていきますから。今は長いスパンで見ることができます。ＯＢのコーチや監督でチーム作りをしているというのは、いい流れやと思うんですよ。

江夏　星野監督が就任してから増えた明治大出身者もここにきて減ってきたのかな。
岡田　いえ。編成も全部入れて明治出身者が一番多いですよ。
江夏　監督が何人か外からコーチを連れてくるとしても、中心母体はあまり変わらないほうがいいわな。
岡田　あんまり指導者がコロコロと代わると選手が戸惑います。教え方が違いますからね。特に重要なのは、バッティングコーチとピッチングコーチでしょ。守備コーチは、そんなに教えることは変わらないけれど、ここのポジションは人が代わると考え方も違ってきますから。
――久万《くま》俊二郎《しゅんじろう》オーナーは野村招聘《しょうへい》や星野招聘を自らがリードする形で決定されていました。その後、宮崎恒彰《みやざきつねあき》、坂井《さかい》信也《しんや》とオーナーが代わっていますが、今でも、そういうキングメーカー的な力はあるんですか。
岡田　これは不思議なんですけど、例えば宮崎さんがオーナーのときにクラブハウスの地鎮祭で着工の式があったんですよ。私も監督として出席したんですが、いちばん最初に玉《たま》串《ぐし》を持つのは牧田《まきた》俊洋《としひろ》社長でした。あれ、オーナーとちゃうんかなと思ったら、牧田社長のほうが立場はオーナーより上なんですよ。おかしいですよね。

江夏　今のオーナーは、みんな雇われオーナーだもんね。我々の時代とは違うよね。我々の時代は阪神は野田《のだ》誠三《せいぞう》オーナー、南海は川勝《かわかつ》泰司《たいじ》オーナー、広島は松田《まつだ》耕平《こうへい》オーナーと決まっていたからね。本当のオーナーだった。今はみんな雇われオーナーだから、それも時代の流れだろうな。

岡田　だからハッキリとはわからないんです。オーナーと社長の力関係のようなものは。しかしフロントが、指針を作るんだと思っていますがね。

――阪神のフロント幹部にはユニホーム組はいません。阪神では、球団社長、球団代表に阪神ＯＢや元プロ選手が就任した歴史は一度もありません。

岡田　ユニホーム組はフロントに入っても部長までと決まっていたみたいです。私が2軍監督をやっているときに、西山《にしやま》和良《かずよし》さんと横溝《よこみぞ》桂《かつら》さんが取締役になりました。これがユニホーム経験者としては初めての取締役だったみたいです。

江夏　西さん（西山和良）というのは村山さんのブレーンやったからね。

岡田　でも1年くらいでクビになって「やっぱりユニホーム組はあかん」みたいな雰囲気になりました。だから今でも「ユニホーム出身者は部長まで」という暗黙のルールが生きているんとちゃいますかね。それより上の人は、今でも、ほとんどプロ野球経験は無しですね。

——現場にしたらユニホーム経験者が上にいたほうが助かりますよね。今でも覚えていますが、昨年、巨人に3連敗して13ゲーム差がなくなった時に、岡田監督に現場付のフロントの人たちは、近づこうともしていませんでした。

岡田　ユニホーム経験者にいてもらったほうが助かりますよ。現場の気持ちがわかるから。でも、今の南社長は、元広報で現場上がりの人だから、コミュニケーションは取れましたね。「チーム状況はどうなんや」とか、野球の話ができる社長でした。

江夏　野球を好きだということを原点に持ってもらわないと困るよな。野球が好きだから、阪神が好きだからチームをよくしたいという気持ちを持っている人がフロントにいなければ、チームは強くならないよな。

岡田　そうなんです。考え方がサラリーマンでは困りますね。

江夏　あなたが辞めた後、フロントに残るという話はなかったのかな。

岡田　実は断ったんです。最初は球団のアドバイザー的な立場で球団に肩書きを残してくれないかと打診されたんですが、「何をやっているかわからんようなポストの人が増えてもしゃあないでしょう」と断りました。

江夏　正解だな。星野ＳＤがいて、これ以上いろんなポストが増えたらややこしいよ（笑）。

岡田　でも、実働のフロントは人数が少ないんですよ。阪急と合併してから余計に少なくなったんですね。みんな若い。南社長が一番上で私より３つ上。阪急の角和夫《すみかずお》社長が60歳でしょう。フロントからどんどん年寄りを切っていけみたいな方針があるらしいですね。

――どういうフロント体制が理想ですか。

岡田　そらお金出してくれて……。

江夏　口は出さない（笑）。これはもう理想やろうな。でもやっぱり基本的に野球が好きでないとね。それと経営という部分でも長《た》けてて野球に対する情熱を持ってる人。何よりも人間が好きだという人。そういう人にフロントにいて欲しいね。しかし、ワンマンで１人で何でも決めてしまう人が来ると間違った方向へ行ってしまう可能性もあるしね。

岡田　それと現場を知っている人がいいですね。

江夏　探せばおるやろう。球界のユニホーム組でおらんかな？　極論を言えば、オリックスでフロントをしている中村勝を引き戻せばええんやないか。経験があるんだから。

次期監督を今から明確にせよ

——理想的な次期監督を決める手法にはどんな形があるでしょうか。

江夏　中日は、落合博満《おちあいひろみつ》が必ず優勝争いに食い込んでくるしっかりとしたチームを作っている。そして、大事なのは落合もフロントも立浪和義《たつなみかずよし》という男を立てて、次の監督への路線を作っていることだよね。ああいう形を阪神も作っていけばいいんだけどね。次期監督をもっとハッキリさせたら良いんじゃないの。隠す必要もないし、次はこいつが阪神の監督だという英才教育をしていくのもいいんじゃないのかな。阪神の監督問題は、いつもマスコミに面白おかしく書かれてグチャグチャになってしまうからね。次が誰やという事をわかっていると選手達の見る目も変わってくるだろう。

岡田　私たちが現役時代もチームが負けているとスポーツ紙に次期監督の名前がいろいろと出て、ロッカーでも「誰が載っていた」と話題になっていましたからね。毎日、監督候補の名前が変わっていて（笑）。「え？　ほんまかいな」みたいな反応でした。

江夏　自然の法則として選手は上層部の顔色見るわけだから。サラリーマンが上司の顔色見るのと同じで、上がモヤモヤでガチャガチャになっていると選手が戸惑うよね。「次はあの人が監督なんだ」とわかっていればもっとスッキリするんじゃないかな。余分な人間も入ってこない。余分な情報も流れ込まない。ファンにすれば次は誰が監督なのかという騒動はある意味楽しみなのかもしれないけれどね。それで面白おかしくマスコミに取り上げられている部分があるわけだから。でもちょっと、そういう歴史は止めた方がいいんじゃないかなと思うわね。

岡田　江夏さんの言われる通りだと思うんですが、じゃあ誰がいますか？

江夏　そこよね（笑）。外から見る部分と中から見るのとでは違うけれど、今の阪神には見当たらない。まあ、金本なんだろうけれど、彼は広島に帰ることを考えているようだしね。これは直接、話したわけではないが、私は、そう感じているんだよな。

岡田　そうなんです。誰が指導者のトップに立ってコーチ、選手を引っ張っていけるのかと考えると、なかなか名前が出てきません。そこが人材不足なんですよ。そういう将来の監督になるという飛びぬけた人間がおらんのですよ。85年の優勝メンバーの木戸、平田、中西、ユーティリティーなプレイヤーとしてのサブ的なメンバーだった和田豊《わだゆたか》や山脇光治《やまわきこうじ》らが、ようやくコーチとして機能し始めた段階。でも、その中でリーダーシップをとれる人間が出てこない。ここが難しいところなんですよね。

江夏　育てるしかないだろうな。

岡田　ただ、監督の育成となれば誰が教えるのかという問題もありますよね。これは難しいです。いくら教えるといっても現役時代から何かそういう指導者としての素材を持っていないと、なかなか肉付けはできません。これは実際、教えてもらうのではなく、自分で見て、盗んで体験するしかないんです。

江夏　私は、岡田君が次に監督をやっている間に、そういう人材を作り出すのが、理想やと思っているんだけどな。

岡田　これは私の体験から感じることなんですが、2軍監督は必ずやったほうがいいんですよ。私は、2軍監督時代の経験がずいぶんと役立ちました。この話は、巨人の原監督が一度、監督を解任された時にも言ったんですよ。「2軍の監督経験してみろ」って。だから、身体が動く年代では解説業に染まらないことが大事やと思いますね。私も、今年から解説の仕事を初めて経験しましたが、変に頭が固くなります（笑）。理想論だけになるんです。自分で2軍の監督やコーチを体験して、2軍レベルはどんなものかを知ることは非常に重要です。

江夏　強いチームには必ずいいリーダーがいるよな。私の体験で言うと西武時代には石毛《いしげ》宏典《ひろみち》がいた。本来、コーチがやる仕事を石毛がやっていた。ゲームで失敗した選手を叱る、励ます。そういう作業をやっていたね。広島時代は、山本浩二《やまもとこうじ》や衣笠が、そういうリーダーだった。当時、若手だった高橋慶彦《たかはしよしひこ》（現在ロッテコーチ）や、山崎隆造《やまざきりゅうぞう》（現在広島コーチ）らがミスをすれば、思い切り叱っていたし成功すれば褒めてやる。日ハムでは柏原《かしわばら》純一《じゅんいち》（現在日本ハム編成）。そういうリーダーがいればコーチがやることがない。南海ではいなかったんだけどね（笑）。門田《かどた》博光《ひろみつ》や広瀬《ひろせ》叔功《よしのり》が、野村監督と一線を引いていて、ちょっと雰囲気が違ったんだよ。野村さんは江夏という男を横に置いていたからやりやすかったようだがね（笑）。野村―江夏に反抗する人はいなかったから。こういうチームリーダーが、将来やはり監督になっているよね。

岡田　そういうリーダーシップをとる人間が阪神には出てこないんですよねえ。

江夏　そういう意味ではやはり金本しかいないんだよね。金本という男をきっちりとリーダーに仕上げるのも1つの手かもしれないけどね。でも広島に帰るという根底も持っていると私は見ている。それくらい義理堅い男よ。阪神を変えて活躍して、アニキ、アニキと慕われても、広島に義理をもっているのは人間として素晴らしいことだよね。だが、阪神の選手とのなじみは薄い。なぜかなと思うよね。表面上は笑いあっているけれどつながりがそう深くない。彼の選択にとやかく言う権利は誰にもないんだけど、阪神のフロントがこれから金本の気持ちを変えさせるように、どう努力するかだよな。やはり私が考えるのは、岡田君が、もう一度、チーム立て直して、その間に次期監督をチーム内に作っておいて次にバトンタッチ。これがベストだと思うし、そうして欲しいんだよな。

岡田　阪神の監督は私が決めることじゃないですからね（笑）。

安全策に走りがちなスカウト戦略

岡田　阪神のスカウト戦略は、どっちかといえば安全策とちゃいますか。なかなか冒険しません。1位指名のクジで10連敗中だから仕方がないのかもしれませんが。

江夏　まあ、これだけスカウト、編成の数が増えたら安全策になるわな。

岡田　08年オフのドラフトで言うならば、去年の9月までの段階では、1位指名がクジで外れたらホンダの長野久義《ちょうのひさよし》外野手に行くことになってたんですよ。もちろん事前の情報戦で巨人とガチガチ固まっていることはわかっていましたが、「行こう。そのくらい冒険しようや」となっていた。結局は、ロッテが2巡目で指名しましたが、長野は指名拒否となりましたね。

江夏　彼は2回連続でのドラフト指名拒否だよね。冒険という意味で言えば、今度は花巻東高の菊池《きくち》雄星《ゆうせい》に阪神が行くかどうかだね。

岡田　菊池はダルビッシュの高校3年時と比べても上ですよね。

江夏　かなりの球団の競争になるだろうけど、そこで冒険できるかどうか。そのくらいの決断力を持ってチャレンジしてくれると、ファンも喜ぶんじゃないかな。南社長は1位指名を表明しているようだが、今後、そのあたりを編成と首脳陣と会社がどう考えるかだな。去年まで中にいた岡田君は詳しいと思うんだけど、今の阪神においてドラフト戦略で監督の意見というのは強く通るもの？

岡田　それは通ります。これは補強の部分ですからね。でも、即戦力はなかなかいません。だから、即戦力の補強は、どうしても外国人で、ドラフトは将来性を見据えた部分の補強になりますね。

江夏　私に言わせりゃもっと身近にいるんじゃないの？　とも感じるね。これは黒田編成部長にも直接言ったことがあるんだけど、最近、活躍している西武の中島裕之《なかじまひろゆき》にしろ、巨人の坂本にしろ、それこそ楽天のマー君にしろ、みんな関西出身やないの。古くは古田《ふるた》敦《あつ》也《や》に池山隆寛《いけやまたかひろ》のヤクルト勢がそう。地元にいる選手を見逃して他チームに獲られている。ましてや育成という枠が出来たんだから、地元密着と言うか、もう少し地元の選手を大事にしてもらいたいな。

大器は他スポーツの経験から作られる――江夏豊

子供のころ、私は、９人が揃ってユニホームを着て行う野球などしたことがなかった。近所のガキが集まって田んぼや道端で三角ベースをする程度。仲間内にグラブを持っている人間は１人で、正式なバットなどはなくて、林から斬ってきた木を削った手作りバットだった。初めて兄に買ってもらったグラブがたまたま左利きのもので「お前は左で野球をやれ」と言われ「変わったことを言うな」と思いながら左で野球を始めた。私は、そういう遊びの野球しかしたことがなく、野球が大好きな野球小僧でもなかったのである。

私が暮らしていた兵庫県尼崎市は、スポーツの盛んな土地柄で、園田中学の野球部はとりわけ強豪だった。それも知らなかったけれど小学校時代の友人に誘われるまま、流されるまま野球部に入ることになった。当然、部員も多い。無知な私は「野球部っていうのは上手けりゃ野球ができるもんだ」と素直に思っていた。だが、野球部の活動が始まると、練習前はトンボでグラウンド整備、練習が始まると、長靴に履き替えて田んぼでボール拾い。最初はわけがわからないまま流されていたが、このパターンが１、２か月経過しても変わらない。一向に野球ができないのだ。

1学年上に好きな先輩がいて、甘えもあったのかもしれないが「自分は野球部に入ったんだから野球をしたい」と直訴した。けれど、「生意気だ」と言われ、私は逆にぶち切れて手を出した。この事件で野球部を退部することになった。野球部の監督だった杉山高毅先生がいない間に起きた事件で、杉山先生は「江夏を野球部に復帰させたい」と動いてくれたのだが、叶《かな》わず杉山先生も責任をとって野球部監督を辞めてしまった。その杉山先生に呼ばれて薦められたのが、陸上部。「陸上部に入って走れ」「バレーもやれ」「ラグビーもやれ」……相撲の大会があったら「相撲部に入れ」と、あらゆるスポーツをやらされた。

「野球というスポーツは、いろんなスポーツの結晶だ。全部オレが一緒に見てやるから、いろんなスポーツを体験しろ」

先生の言葉が未《いま》だに忘れられない。9人制のバレーやラグビーなどに真剣に打ち込んだ。最終的に落ち着いたのが陸上部で、ここで砲丸投げをやった。園田中には、投てき競技が砲丸しかなかったので砲丸を持ったけれど、やり投げやハンマー投げがあれば、そっちの方面をやっていたかもしれない。砲丸投げでは、すぐに人並み以上の記録を出した。よくよく考えれば、この砲丸の経験が地肩の強化などのプラス面にはなったと思っている。ただ、砲丸投げ独特の担ぐような投げ方が癖になってしまっていた。そこが私のプロに入った当初のフォームの欠点だった。しかし、これをとことん直すことによってフォームのバランスが良くなったのである。怪我《けが》の功名とでも言おうか。ただ、投げても打っても万能な桑田《くわた》真《ま》澄《すみ》じゃないけれど、中学時代に野球以外のスポーツを経験する意義は大きかった。能力、素質のある人間の成長期に野球以外のスポーツを体験させる英才教育を試みても面白いかもしれない。

ブレない実行力がプロを生む——岡田彰布

指揮官はビジョンをしっかりと描き、そこに向かうための方法論を考えて実行するために最大の努力をしなければならない。昔話になるが、私は中学時代から「早稲田大で野球をする」という大目標を立てていた。大阪生まれの大阪育ちの私が、なぜ早稲田を？ と疑問を抱く読者の方も多いと思うが、小学校の時にテレビで見た東京6大学の早慶戦が強烈な印象となってインプットされていた。父親の影響で甲子園に足繁く通う根っからの阪神ファンだったのだが、私の心の中の目標は「阪神でプロになる」ではなく「6大学、それも早稲田で野球をする」だった。なぜ慶応でなく早稲田だったのか。まだ子供だから襟付きの独特の真っ白なユニホームやエンジ色の早稲田カラーのようなものに強く惹《ひ》かれていたのだと思う。

早大合格を目指し小学5年から天満橋の袂《たもと》にあった灘中進学専門の学習塾に通っていた。「灘中から灘高」というエリートコースが用意されていたが、私は早大野球部の有力ＯＢが多かった明星中学を選んだ。1学期は練習にも参加せずに勉強に明け暮れた。しかし塾の講師は灘でなく明星を選んだことに激怒し、塾を辞めさせられた。親友だった2塁手の兄が北陽高だったことも手伝って、進学先には明星高ではなく北陽を選んだ。これも当時は私学7強内の引き抜きとされて問題になった。私はあくまでも早大進学を念頭において、北陽サイドも早大進学への応援を約束してくれた。私は特別に週に2度、家庭教師をつけて勉強するため練習を早く切り上げることを許されていた。今から考えると、とんでもない特別待遇だが、1年の夏に大阪の決勝でＰＬ学園を破って甲子園出場を果たした。私は、その試合で2ランを打っている。09年夏の大阪府大会決勝は、関大北陽と名前の変わった母校とＰＬの決戦。私が出場して以来の決勝戦でのこのカードは36年ぶりだったという。灼熱《しゃくねつ》のスタンドに座って準決勝、決勝と応援に行ったが、実に新鮮な気持ちになれた。結果的に最初で最後の出場となった甲子園では、有田二三男《ありたふみお》さんが高鍋高相手にノーヒットノーランを記録するなどして快進撃したが、準々決勝で今治西に2―6で敗れた。「あと4回甲子園のチャンスがある」と思っていた私は、土を持って帰りはしなかったが、2年の選抜は暴行事件で辞退。240人もいた同年代の部員が次から次へと辞めて最後は7人まで減った。これでは勝てないと思ったものである。

最後の夏は、大阪予選決勝で興国に負けて甲子園出場の夢を断たれると、予備校の夏季講習に通った。ここまでバックアップしてくれた北陽のためにも早大に合格しなければならなかったのだ。当時、私はセレクションを受けたが、野球での推薦などはなく、あくまでも試験で合格せねばならなかった。

北陽時代にもプロからの誘いはあった。阪神に巨人。特に長嶋さんが引退した直後の巨人は、次の内野手を求めていて、この年に篠塚《しのづか》和典《かずのり》を1位指名している。私は、ここまでしてくれた北陽のためにも早大進学一本と考えていてプロは眼中になかった。

受験に失敗すれば浪人する考えだった。関大、近大、大商大からは、早大受験に失敗したら、その後でも受け入れ態勢のあることを打診してもらっていたが、私の気持ちにブレはなかった。こういう経緯を経て早大に現役合格を果たしたのだ。

早稲田では1年秋に法政の江川《えがわ》卓《すぐる》を打ってからレギュラーポジションを奪う。4年間通しての通算打率3割7分9厘は現在も最高だそうだ。3冠王も獲得した。東京への反抗心などなかった。チームメンバーのほとんどが関西出身で、みんな関西弁だった。私が4年になる時に、監督が石山健一《いしやまけんいち》さんから宮崎康之《みやざきやすゆき》さんに交代。OBながら合宿などに顔を出してなかった宮崎さんは、チーム状況がわからないということでキャプテンの私に練習メニューや選手選抜の全権が任せられた。春のキャンプでは九州で新日鉄八幡と練習試合をしたが、5—0で勝った。試合後、相手は「大学に負けて恥をかかされた」と、ペナルティの意味だったかグラウンドを50周くらい走らされていた。私にすれば「うちなら勝つやろう」と思っていたが、当時は、それほど認識が違っていたのだろう。新4年の中でこれまで試合に出ていたレギュラーは私1人でメンバーは8人が総入れ替えすることになった。私が参考意見としてメンバーを監督に推薦したが、同じ力の選手ならば4年を選んだ。まとまりを重要視したのである。実質、キャプテンの私がプレイングマネージャーのような状況になっていた。試合では、ほとんどサインはない。「いらんことはせんとこうや」が、当時から私の野球観の根本にあった。投手陣に関しては3、4番手まで秋の優勝メンバーがごっそりと残っていて安定したチーム力はあった。我々は当然のように春も優勝を遂げた。私は、監督の疑似体験をここでさせてもらったのだが、伝統というものには尊厳の念を抱き、特に改革はしなかったと記憶する。これは阪神にも言えるが、先人が脈々と築いた歴史の中には守らねばならないものがあるのだ。絶対に前者否定から入ってはならない。

例えば髪の毛の長さ1つ取ってみてもそうだ。髪の毛の長さは1年から順に「1、3、5、7」と決まっていた。1年は1分刈り、4年になって7分刈りである。私は阪神監督時代に髭《ひげ》や茶髪などに煩《うるさ》くは言わなかったが、プロである自覚、阪神タイガースのユニホームを着ているプレーヤーであるプライド。この2点だけは、心に刻みながらプレーしてもらうことを求めた。そうすれば必然、外見やマナーにも形となって現れてくるだろう。

繰り返すが、大事なのは、目的意識、それに対する方法論、そして実行力である。

巨人の変革

――これまでは金権野球というのが巨人の代名詞でした。

江夏　これまでは、そう言われてたけどね。ロベルト・ペタジーニや清原、タフィ・ローズで失敗した時代は、なおさらそう言われていたよね。しかし、今の巨人を見る限り、果たしてそう呼んでいいのかどうか。去年から巨人の強さの原動力となっているのは山口鉄《やまぐちてつ》也《や》や坂本、亀井《かめい》義行《よしゆき》みたいな若い選手が出てきたことじゃないかな。坂本なんかは去年の

■2002年度

自	投手	杉山直久
自	投手	江草仁貴
4	投手	中村泰広
5	投手	久保田智之
6	投手	三東　洋
7	外野	林　威助
8	投手	田村領平
9	投手	新井　智
10	投手	伊代野貴照
11	内野	萱島大介
12	外野	松下圭太

■2003年度

自	内野	鳥谷　敬
自	投手	筒井和也
4	投手	桟原将司
5	捕手	小宮山慎二
6	外野	庄田隆弘

■2004年度

自	投手	能見篤史
自	捕手	岡崎太一
4	投手	橋本健太郎
5	捕手	大橋雅法
6	外野	赤松真人
7	外野	高橋勇丞
8	投手	辻本賢人
9	投手	玉置　隆
10	投手	水落暢明

■2005年度

高1	投手	鶴　直人
高3	投手	若竹竜士
高4	内野	前田大和
大社1	投手	岩田　稔
大社2	投手	金村大裕
大社3	投手	渡辺　亮

■2006年度

高1	内野	野原将志
高3	捕手	橋本良平
高4	投手	横山龍之介
大社1	投手	小嶋達也
大社3	投手	上園啓史
大社4	捕手	清水　誉
大社5	内野	大城祐二

■2007年度

高1	内野	高濱卓也
高3	内野	森田一成
高4	投手	清原大貴
大社1	投手	白仁田寛和
大社3	投手	石川俊介
大社4	投手	黒田祐輔
育成	内野	田中慎太朗

■2008年度

1	投手	蕭　一傑
2	外野	柴田講平
3	内野	上本博紀
4	投手	西村　憲
育成1	外野	野原祐也
育成2	投手	吉岡興志
育成3	内野	藤井宏政

※自…自由枠、高…高校生枠、大社…大学生・社会人枠、育成…育成枠

阪神のドラフト指名選手（過去20年間）

■1989年度

1　投手　葛西　稔
2　内野　岡本圭治
3　投手　麦倉洋一
4　投手　古里泰隆
5　外野　新庄剛志
6　外野　吉田　浩

■1990年度

1　投手　湯舟敏郎
2　捕手　関川浩一
3　投手　山崎一玄
4　投手　田村　勤
5　投手　嶋田哲也
6　投手　伴義太郎

■1991年度

1　内野　萩原　誠
2　内野　久慈照嘉
3　投手　弓長起浩
4　内野　桧山進次郎
5　投手　中川申也
6　投手　工藤慎明
7　内野　木立章成
8　投手　中村公信

■1992年度

1　投手　安達智次郎
2　投手　竹内昌也
3　投手　米村和樹
4　捕手　片山大樹
5　投手　山本幸正
6　捕手　塩谷和彦
7　外野　山下和輝
8　外野　豊原哲也

■1993年度

1　投手　藪　恵一
2　内野　平尾博司
3　外野　高波文一
4　内野　中里鉄也
5　投手　井上貴朗

■1994年度

1　投手　山村宏樹
2　捕手　北川博敏
3　内野　田中秀太
4　投手　川尻哲郎
5　投手　矢野正之

■1995年度

1　投手　舩木聖士
2　投手　中ノ瀬幸泰
3　投手　林　純次
4　外野　曽我部直樹

■1996年度

1　内野　今岡　誠
2　内野　関本健太郎
3　投手　濱中　治
4　投手　星山忠弘

■1997年度

1　捕手　中谷　仁
2　投手　井川　慶
3　投手　橋本大祐
4　外野　坪井智哉
5　投手　山岡洋之
6　投手　奥村武博

■1998年度

1　投手　藤川球児
2　投手　金沢健人
3　投手　福原　忍
4　投手　部坂俊之
5　内野　寺田祐也

■1999年度

1　内野　的場寛壱
2　投手　吉野　誠
3　投手　岡本浩二
4　捕手　新井亮司
5　外野　上坂太一郎
6　投手　窪田　淳
7　外野　松田匡司
8　内野　高山智行

■2000年度

1　投手　藤田太陽
2　投手　伊達昌司
3　捕手　狩野恵輔
4　外野　赤星憲広
5　投手　加藤隆行
6　内野　沖原佳典
7　内野　藤本敦士
8　内野　梶原康司

■2001年度

自　投手　安藤優也
自　捕手　浅井　良
4　外野　桜井広大
5　投手　中林祐介
6　内野　藤原　通
7　外野　喜田　剛
8　投手　梶原和隆
9　捕手　東　辰弥

経験が生かされてるよね。伸びるときは急にガンと伸びるもんなんだよね。それと甲子園で藤川からホームランを打ったことが大きな自信になったんじゃないのかな。あの一振りでね。当然、お金を使って獲得したアレックス・ラミレスやグライシンガー、マーク・クルーン、そして小笠原は大きな戦力だと思うけど、本当の戦力は下から這い上がってきた人達の力だよね。下を育てる余裕が出てきたと言っていい。チームが本当に強くなるには、こういう若い力が絶対に必要だよね。

岡田　去年はがっぷり四つの感覚でしたが、やっぱり巨人は強いですよ。強い（笑）。

江夏　巨人はFA補強でずいぶんと失敗してきているけれど、06年のオフに日ハムからFAで獲得した小笠原は一味違ったよね。巨人の補強の失敗は、我々の世代からあってね。西鉄から高倉照幸《たかくらてるゆき》、近鉄から関根潤三《せきねじゅんぞう》、広島から森永勝也《もりながかつや》と、いろんな5番バッターを他チームから補強してきては失敗してきた。その中で小笠原というのは巨人という独特のプレッシャーに押し潰《つぶ》されることなく本当に自分のカラーを出している。彼の出現というのは大きいよね。

岡田　今春、宮崎キャンプに行ったときに巨人の清武英利《きよたけひでとし》球団代表から話がしたいと言われて1時間くらい話したんですよ。清武さんは、「阪神は下から若い選手がどんどん出てくるけれど、2軍のやり方をどうしているのか」という話を聞きたかったようなんです。井川から始まって、藤川、オリックスに行った濱中治《はまなかおさむ》に関本と、阪神は2軍から若手が育っていると見ているんですね。

江夏　巨人から見たら、そこがうらやましいんだな。

岡田　私は、「巨人は、しっかりと坂本や山口が育ってるやないですか」と言ったんですが、「あれはたまたまで、巨人の2軍の組織は間違っていると思う」と言うんですよね。「FAでいい選手ばっかり獲るから2軍から選手が上がれないのではないですか？」と私が言ったら、「いや、2軍からいい選手が上がってこないからFAで獲っている」と言うんですよ。「その考えは他のチームの見方と逆ですよ」と意見したんですけどね。驚くことに巨人のフロントは、若い選手が育たないからラミレスや小笠原を獲ってきたという感覚なんですよ。

江夏　感覚が逆なんだね。

岡田　でも、巨人は、そのあと組織をちょっと変えたのとちゃいますかね。若い選手をよく使うようになりましたよね。

江夏　その場その場で、金で補っていくというのが巨人のやり方だったからね。でも、ここ数年は巨人も育成というか３軍のようなものを作って２軍のピッチングコーチの小《こ》谷正《たにただ》勝《かつ》さんが３軍のコーチもやってるよね。

岡田 そうなんですよ。やり方は変わってきてますよね。若いのが上がって来ています。

江夏 ただ巨人の辛いのは「勝たなきゃいかん」というとこやね。使命感というかね。それは大変だからね。その場しのぎに、金で選手を獲ってくるというやり方しか今まではできなかったよね。

——昔の巨人から考えたら、阪神の元監督に教えを請うなんてありえないですね。

岡田 びっくりしたよ、もう（笑）。

江夏 そこが巨人が変化しているところなのかもしれないな。

岡田 清武代表というのは本当に野球が好きですよ。情熱もある。

江夏 今までの巨人の代表とは、ちょっと違うかもわからんね。それと原が大きくなった。ＷＢＣで日本が優勝できたのは原という男の方針だよね。打線の７、８、９番にメジャーの選手を置いた。現在の巨人を見ててもわかるけれど篠塚や緒《お》方《がた》耕一《こういち》ら腹心のコーチを周りに置き、尾《お》花高夫《ばなたかお》投手コーチや伊《い》原春樹《はらはるき》などのコーチの能力を最大限に利用している。ＷＢＣ前のキャンプで話したんだけど、その時点で、「自分の城をしっかりと築いていきます」と語っていたよ。「そうか応援するよ」と言ったんだけどね。大きな外堀から『原城』をしっかりと築いているよね。巨人軍の中のことはわからないけど、長嶋さんが、身体のこともあってチームを離れた現状において、これからの巨人軍にとって原がどれだけ大きな存在になっていくかということだよね。

――原監督のＷＢＣでの采配はよかったですか。

岡田　そらもう結果がすべてでしょう。

江夏　ただまあ、韓国と5回も戦ったり運営面におかしなところはあるけどね。でも勝負事は結果だからね。

岡田　やりよったなあいう感じですよね。

江夏　大きくなった。最近のインタビューを見ていても余裕を持っているし自信に満ち溢《あふ》れているよね。「これからの東京読売巨人軍にはオレが必要」という自信だろうね。たえず一歩さがって、大きな視野で見ている。たいしたもんだよ。最近の原監督のコメントを聞いていても、自信にあふれてるよね。

岡田　もう大違いでしょう。世界一の監督になったら、何でもできるでしょう。

ヤクルトに見えるチーム編成の理想

――セ・リーグの他球団の動向はいかがですか。

江夏　5割以上の成績で勝っているところは開幕前の予想通りだね。

岡田　ヤクルトは去年から一番怖かったチームです。私は、開幕前の優勝予想は巨人、ヤクルトの順番にしました。去年戦ってみて終盤で一番しぶとかったチームですからね。

江夏　若手の野手の生きがいい。ピッチャーさえ揃えば強いよね。

岡田　なんでもやりやすいチームですね。機動力もある。みんなで何でもできる。そういうチームカラー、チーム編成になっている。高田繁《たかだしげる》監督もうまく日ハムから川島慶三《かわしまけいぞう》とかを連れてきましたからね。川島は、九州国際大出身なんですが、05年のうちのドラフト1位候補だったんですよ。アマ時代からよかったんですよ。去年は、高田さんが監督1年目で遠慮があったかもしれませんが、今年は絶対に強くなると思ってましたわ。もし左腕の村中恭平《むらなかきょうへい》が故障してなかったらヤクルトを優勝の本命にしようかなと思っていたくらいです。村中がローテーションに入ってきたら本当に優勝を狙えるチームですよ。

江夏　館山昌平《たてやましょうへい》が開幕から8連勝したな。もちろん実力もあるけど、勝ち星っていうのは打線との絡みもあるからね。粘り強いピッチャーにはなった。彼はあまり阪神には投げていないから阪神ファンには馴染《なじ》みがなかったかもしれないけど、もともと粘っこいピッチャーだよ。ヤクルトで感心するのは昔から外国人のいいのを獲得してくるんだよね。巨人に横獲りされたけれど、グライシンガーにラミレス、ペタジーニもいたよね。いいルートがあるんだろうね。アメリカはもちろんだけど、韓国からもそう。抑えの林昌勇《イムチャンヨン》なんか、素晴らしいよね。防御率０・00をしばらく続けたよね。このあたりは阪神も見習うべき部分なんだよね。

岡田　ヤクルトは、これまでの外国人担当が辞めて巨人に移籍してからよくなったんですよね。でも、きっちりと、グライシンガー、ラミレスと投打の主軸を巨人に持っていかれていますが（笑）。これは報道で見た限りですけど、林の巨人移籍の噂なんかを聞くと「もうええでえ」となりますよね。

江夏　中日は、開幕からスタートは悪かったが、交流戦後から出てきた。これは落合監督がバランスのいいチームを作り上げている証拠だろう。

岡田　トニ・ブランコは、おそらく中日の首脳陣が考えていた以上の成績を出しているんじゃないですか。キャンプで落合監督が「これは打つぞ」と言っていましたが、想像以上に対応が早くできましたね。６番までの打線が固定できています。

江夏　あれだけ振ってくる打者は怖いよな。穴が意外に少ない。ウッズの抜けた穴は十分に埋めている。

岡田　中日はどちらか言えば阪神に似て打てないチームだったんですけどね。浅尾《あさお》拓也《たくや》をセットアッパーにしたのも正解でしょう。最初は先発させていたけれど、6、7回は持たない。でもスピードは魅力がある。

江夏　これも首脳陣の見極めだろうな。

岡田　選手の使い方も上手いですし、ええ選手を獲っていますよね。編成がうまく運んでいるように見えます。おそらく落合監督が、「こういう使い方をしたいから、こういう選手が欲しい」とフロントに訴えて、そういう声から編成がスタートしているんでしょうね。現場と編成が、噛み合っています。

江夏　まさに、そこが阪神に足りないところじゃない。

第3章　かくも美しき豪腕伝説

岡田少年が見た江夏の３５４奪三振の瞬間

――岡田さんは、小さい頃からお父さんが阪神のタニマチだった関係で選手らと親交が深かったと聞いていますが、江夏さんとの親交はあったのですか。

岡田　いや、子供の頃に親交はなかったですよね。でも記念すべき年間最多奪三振の記録を作った瞬間は、甲子園で見ていましたよ。いつもはええ席から見ていたのに、なぜかライトスタンドの中段くらいで見てたんですよ。４０１個だったか。３５４個だったか……。

江夏　中日戦か、それとも巨人戦か。

岡田　私が見たのは巨人戦でした。王貞治《おうさだはる》さんから三振を獲られた時やったから、日本タイ記録と新記録の時ですかね。

江夏　世界記録となる４０１個目は中日の一枝修平《いちえだしゅうへい》さんだったからな。王さんなら日本記録の時だな。

岡田　そうですね、おそらく。何が何でも王さんから三振を獲るために、わざとそこまでは打たせていたんですよね。

江夏　自分で言うのもなんだが、考えりゃ凄い事だよね。普段、三振を獲りたくて野球をやっている人間が、あの時は逆に獲らないようにしなければならなかったんだからな。ただ、あれは今だから笑い話ですむけど、単なる計算違いなんだよ。あの昭和43年の９月17日というのは、巨人と阪神との差が０・５か１ゲームくらいの大事なゲームだったわけよ。土曜日がシングル、日曜日がダブル、月曜日がシングルという４連戦でね。自分としては気持ちの上で、１戦目、もしくは月曜日の先発というのがわかっていたから、勝って、しかも、残り８三振で稲尾《いなお》和久《かずひさ》さんの奪三振記録を抜くという２つを達成せねばならないという葛藤があったね。「よし！　じゃあもうとにかく三振を獲っていこう」と決めて１回に２個、２回に２個、３回に２個、４回に１個を獲って、８個目を王さんから渾身《こんしん》の力で獲ったわけよ。自分としては意気揚々とベンチに帰って来たときにキャッチャーのダンプさんが、「おい豊！　今のは新記録じゃねえぞ。３５３個はまだタイ記録だぞ」って。自分で３３８個からずっと計算していたんだけど、タイ記録と新記録を計算違いしていてね。新記録を王さんから獲りたかったから「あちゃあ」と思ったよね。

岡田　そこから王さんまで残り８人もいるんですもんね。

江夏　試合はどんどん進んで行っている。一瞬どうしていいかわからんかったよ。でも「王さんから新記録を獲るとマスコミに言ったんだから王さんから獲るしかない」と決めてね。7番にショートの上田《うえだ》武司《たけし》、8番が森祇晶《もりまさあき》さん。目をつぶっていても三振を獲れるんだけど（笑）なんとか打たせた。なにしろもう獲らないように獲らないようにしたけれど、一番困ったのがピッチャーの高橋一三さん。カウント2―1に追い込んでしまったんだよね。「うわ！　エライ事をしてもうたなぁ」と思って、それこそ、これは大変失礼だったけれど山なりに近いようなボールを真ん中の低めに投げた。打たせると言ってもあまり高めに投げてヒットを打たれるのは嫌だしね。それを一三さんが合わせてセカンドゴロを打ってくれてね。まぁ苦労しましたね。で、ミスターが3番なんだよな。いつもバットを短く持つ長嶋さんが、記録に残るのが嫌だったのか、もっと短く持ってボールに当てにきたんだよ。私も「何とか当ててくれよ」と願ったね（笑）。センターフライだったかな。そこで、いよいよ王さん。あの時のファンの人たちは野球知識があったというか、甲子園球場全体がわかっているんだよね。相手の選手もわかってるし、もちろん味方もわかっている。そして一番わかっていたのは王さんだよね。あの時の王さんの形相は、そりゃ凄かった。「こんな若造に三振記録を作られてたまるか」という気迫だよね。王さんにしたら最大の屈辱だものね。でも当てに来ないんだよね。「この野郎」という気持ちがそのままスイングに表れていた。ひとつ間違えたらスタンドというようなスイングだった。あの時に改めて王さんの凄さ、偉大さ、人間性を知ったね。あれから、もう王さんのファンになったね。歴代の打者を語る時に王さん以外の選手の名前はポンとは出てこないよ。

岡田　最後はインハイでしたか。

江夏　やや真ん中に近かったけどね。球の勢いだけよ。王さんの「この野郎」という気持ちを反対に利用できた。でも本当に凄いスイングだったな。王さんに対しては一本足の上げた右膝辺りを狙うのが、ひとつのポイント。王さんが一番打てない場所がインローだった。でも、王さんは逃げるのも超一流だったから当てる怖さというものもなかった。ただ、このインローには手は出さない。ストライクは獲れても空振りは獲れないんだよね。私は、空振りをさせたいと思っていたからね。ボールに自信があるときは、勝負はインハイへ。これが王さんを攻める時のパターンだった。

岡田　王さんだけと勝負するなんて、今じゃありえない展開ですよね。

江夏　時代が許してくれた記録だったよね。チームの勝利を優先する今の時代じゃ考えられない。私は王さんから、村山さんは長嶋さんから三振記録を狙った。それを周りの選手もファンも納得してくれた。そういう良い時代に自分は野球が出来たっていうことだよね。あの時のファンの人には感謝してるよ。しかし、王さんは、まだ、あの時には日本の王だったのよ。世界の王じゃなかった。だから、まだ許してくれたんだよね。最近の対決で、そういうライバル関係があったと言えば清原と野茂《のも》英雄《ひでお》くらいじゃなかったか。本来はそれがプロの勝負だと思うんだけど、どうしても管理だ組織だという時代に傾いて、チームの勝利というのが優先される時代になっていったからね。

岡田　でも、年間に４０１奪三振というのは凄い数字ですよ。

江夏　今は２００三振が獲れない時代だからね。時代が違うんだよね。野球が違ったからね。例えばＶ９巨人でさえチーム打率が２割５分にいかなかったんだから。阪神なんて２割１分台もしくは２分台をウロウロしていた（笑）。もう１試合に３点取れば御の字で２点を取って逃げ切る野球。だから、私は、常に相手を１点もしくは２点に抑えなければならない。それは苦しいからね。だから勝ち星はあまり意識できなかった。それよりも三振を獲りたい。三振の獲れるピッチャーになっていきたいという願望が強かったよね。

――村山実さんの引退式のときに、岡田さんはセレモニーに出席されたとか。

岡田　違います、違います。ＳＳＫの屋上で村山さんにキャッチボールをしてもらったんですけど、甲子園のグラウンドには行っていないんですよ。村山さんの引退試合の日は、高校入学前の春休みで初めて北陽高の練習に行った日なんですよ。昭和48年の3月21日やったかな。だから覚えています。

――江夏さんが騎馬を組んでマウンドまで行ったんですよね。

江夏　そうやったな。あのときは、「村さんのために何かせないかん。何か言わないかん」と思いながら何もできなくて何も思いつかなくてな。たまたまブルペンにいたのが、私と次朗と谷村智啓《たにむらともひろ》だった。それでピッチャー村山というアナウンスがあった時に急に思いついたんだよね。「おい！　みんなで騎馬組もう」って。もうそれしかできなかったからね。それが、我々後輩の村山さんに対する精一杯の思いだったかな。まあいい思い出だよね。今から考えると。

本当のプロフェッショナリズムを教えてくれた村山さん――江夏豊

阪神の選手にプロフェッショナルとは何かと聞かれて語ることができる選手は何人いるのだろうか。私の現役時代のプロフェッショナルとしての哲学は、「投げて勝てば金になる。負ければ金にならない」。基本的に、そういう考えだった。プロボクサーは相手を倒さなければ金にならないのと同じ精神だ。弱肉強食の成果主義である。これは、もう時効だから書くが、当時は、年俸よりも多い賞金があった。１勝いくらの勝利ボーナス。今でいう出来高払い（インセンティブ）である。私は、年俸が１８０万円で、月給に直せば月々15万円だったが、１勝のインセンティブが20万円だったから給料より多い。まさに「勝てば金になる」というプロフェッショナリズムを実感していたわけだ。この方法を教えてくれたのが、村山実さんだった。

　阪神への入団が決定して、村山さんに挨拶《あいさつ》に出向いたときにアドバイスをいただいたのが、１勝いくらのボーナスを球団と約束しておくことと、「阪神の電鉄本社と出向社員の形で契約を交わしておけ」というものだった。出向社員ならば、もしも野球選手としてダメになった場合でも将来が保障されるというものだった。当時18歳だった私は、そういう仕組みがよく飲み込めず「出向社員って何をするんですか」と聞くと、「阪神電鉄の社員だから切符切りや」と村山さんは言う。

「そんなんいりません。たとえ野球選手を首になっても切符切りはしたくありません」と、せっかくの心遣いを自分の判断で断った。ただ、出来高払いの方は、契約の席で当時の戸《と》沢《ざわ》一隆《かずたか》社長に「万が一勝ったら１勝につき賞金を付けてください」とお願いしたら、「１

勝につき20万円やろう」と即決してもらった。おそらく「こんなガキが1年目からプロで勝てるわけないいやろ」と思って気楽にＯＫしてもらえたのだと推測する。

結果、ルーキーイヤーに私は12勝したのである。

あくまでも、これは私の哲学である。いや金じゃないという考えがあってもいい。ただ、ぶれないプロの哲学を持った選手の集まりが、勝利のプロ集団を結成するのである。

たった一度の江夏VS岡田

——江夏さんが広島に移籍されてから、お2人は1年だけセ・リーグでの現役が重なっているんですね。

岡田　そうそう。対戦もあります。

江夏　昭和54年にカープが優勝した時には、まだいなかったんだよな。

岡田　はい。まだいなかったです。

江夏　真弓はおったな。

岡田　はい、真弓さんは昭和54年に阪神にトレードで来たんですよね。

江夏　あとキャッチャーの若菜《わかな》嘉晴《よしはる》な。川藤もよく代打で出てきた。打てもせんのに

（笑）。あいつにはデッドボールが3つくらいあるよ。可愛かったからな。なんか抑えるのも悪いから、カーブで当てた（笑）。カケ（掛布《かけふ》雅之《まさゆき》）とラインバックが、3、4番やったな。いい打線だったよ。

岡田　私が翌年の昭和55年に入ったころ、このメンバーは強いなあと思ったもんですよ。

江夏　岡田君の入団は昭和55年か。私との対戦は何回くらいあるんやろう。

岡田　確か3回ですね。

江夏　で、レフト前に1本か。

岡田　いや、3打数3安打です（笑）。

――いえいえ、正確には1打席だけの対戦でレフト前ヒットでした。

岡田　記憶とはええかげんなものやねえ（笑）。ヒットを打ったのは覚えてるけど。

江夏　岡田君とは、あの時、川藤が引っ張ってきて一緒に飯を食ったんだよな。

岡田　広島のレストランに行きましたね。

――打席の岡田さんを覚えてますか。

江夏　覚えているな。構え方を見て、左ピッチャーの懐、インコースが強そうだなという印象があったね。左ピッチャーの懐のボールをレフトに打っても開かないのでファウルにならん。そういう技術を持っているバッターだった。右バッターというのは左投手に対して、ボールが見えすぎるために開くケースが多いんだが、岡田君は違っていた。練習で身に付ける技術もあるんだろうけど、持って生まれた天性の部分もあるんじゃないかな。左ピッチャーからすると天敵に見えてくるわね。昭和55年にオカが入ってきて56年には原と石毛が入ってきたんだよな。この連中は、ちょっと違ったよね。

岡田　江夏さんの打席に立ちたいという思いが凄くありました。でも、江夏さんはストッパーやったから、対戦するというのは、こっちが負けている展開ということですからね。そこは痛し痒《かゆ》しでした（笑）。

江夏　でも、あの頃は、今と違って1回限定じゃなかったんじゃないかな？

岡田　当時、広島のピッチャーは良かったですものね。

江夏　福士《ふくし》敬章《ひろあき》、池谷《いけがや》公二郎《こうじろう》。

岡田　北別府《きたべっぷ》学《まなぶ》にシュートが凄かった山根《やまね》和夫《かずお》さん。

江夏　山根は、ロバみたいな顔をしてぼおっとした選手やったけどな（笑）。

岡田　あはは。江夏さんのボールの出所は大変見難《みにく》いと聞いていたんだけど、それはなかったんです。失礼な言い方になりますが、あの頃は、もうストレートのスピードもそんなになかったんですよね。

江夏　晩年は、もう１３０キロ台だったからね。スピードガンもまだない時代やな。

岡田　そうですね。テレビの中継でもスピードガンはまだなかったですね。

――中日の小松辰雄《こまつたつお》が出てきてナゴヤ球場に電光表示がついたんですね。

江夏　迷惑なもんができたなと思ったよ（笑）。お客さんは喜んでただろうけどね。

岡田　阪神時代の全盛期の江夏さんは、１５５キロくらいは出てるでしょ。

江夏　それはわからんよ。ただ、笑ったのはね、日ハムのときに西宮球場でね。こっちは高橋一三さんで、阪急は右のでかいピッチャー。一三さんが全力で投げたストレートと阪急のピッチャーのカーブの球速が同じということがあってね。ベンチで腹抱えて笑ったよ。一三さんは、「オレの真っ直ぐはもっと速い」って真剣に怒ってしまってね。スピードガンというのは、ええ迷惑だった。

岡田　テレビ局なんかが何度も実験しているらしいですが、昔の映像から正確な球速を割り出すのは難しいらしいですね。

江夏　わからんほうがいいよ（笑）。私が阪神に入った頃には、よく藤本のおじいちゃんから「沢村栄治《さわむらえいじ》は速かった。ヴィクトル・スタルヒンは速かった」と聞かされた。そういう話を聞くとうわあ見たかったと思うもんね。実際には１５０キロ以上のボールなんて投げれっこなかったと思うけどね、昔はボールも悪かったしね。今の投手の方がスピードはあるんだけど昔の方が速かったと言われると、そうなのかなとも思うよね。

岡田　江夏さんのボールが速いので、田淵さんが受けるのに苦労されたんですよね。

江夏　ブチには苦労させられたわ（笑）。下手というか横着なんだよね。大学では4年生となると、もう天皇らしいね？

岡田　そうですよね。

江夏　法政の1、2年では、それなりのキャッチングができたらしいが、プロでは私の速いボールを受けることができずにミットが流れる。左投手のクロスファイアーは、ミットが流れると「ボール」と判定され、ミットが止まらないと「ストライク」とコールされないからね。何回怒鳴ったか（笑）。あいつにすれば、年下の私に偉そうに言われて、かなりプライドを傷つけられたと思うが、素直に聞いて努力してくれたよね。村山さんのとんでもないフォークを受けていて、それなりに技術を思い出したかなとも思う。ブチとの思い出はたくさんあるけれど、あのオールスターでの9連続奪三振は忘れられないな。最後の9人目、加藤《かとう》英司《ひでじ》（阪急）のバックネットへ打ち上げたファウルに対して、ブチに「捕るな」と叫んだことが伝説のように伝わっているけれど、実際に言ったのは「追うな」なんだよ。バックネットにぶつかると判断したので、リズムを崩さないように、いちいち追わずに、すぐブチには座ってもらい、次のボールを投げたかったんだ。

岡田　9連続奪三振は強烈な記憶ですね。

江夏　ブチには、平気でサインと違うボールも投げた。これは鍛えられる（笑）。さすがにカーブのサインで真っ直ぐは捕れないけれど、真っ直ぐのサインなのに勝手にピュッと曲げたりした。

岡田　無茶しますね（笑）。

江夏　自分自身に気合いを入れるためと、キャッチャーにも「もう少し考えてリードしてみろよ」と気合いを入れるための両方の意味が込められている。これでバッテリーに必死に考えるという緊張感が生まれるんだよね。もう1つ、日本のプロ野球でファーストへのけん制球で変化球を投げたのは私くらいだろう。

岡田　一塁は、遠《とお》井《い》吾《ご》郎《ろう》さんですか。

江夏　そうそう。前の日に飲みすぎているのか、あの人も顔が真っ赤だよね。「目を覚ましてください」という意味もこめて、けん制球にカーブを投げると、もう必死。でも、本当に性格のいい人だから「ゆたか〜。こんなボール投げないでくれよお」と言ってね。思わず噴き出した。楽しい時代だったよ。

記憶に残る名投手たち

岡田　江夏さんの時代で速いと言われたのは誰でしたか？

江夏　本当に速いと言われたのは、怪童、尾崎行雄《おざきゆきお》さんだよね。ヤマさん（山内一弘《やまうちかずひろ》）が、「胸元の球はムチャクチャ速かった」と言っていた。「もう見えんくらい速かった」と。私にしたって、平松政次《ひらまつまさじ》にしたって速かったよ。

岡田　当時は球種がそんなになかったですよね。

江夏　真っ直ぐとカーブとフォークくらいやな。

岡田　フォークも投げる人少なかったですよね。

江夏　中日に入ってきた藤沢公也《ふじさわきみや》という投手がパームボールを投げていたけれどね。そういう特殊なボールを投げる人は限られていたね。フォークでは村山さん。これは凄かった。一番いい時には、ふっと浮いて止まったような感じになる。そこからストーンと落ちる。凄い、あんなボール投げられるのかと思ったね。でも2、3年たってくると、浮く感じがなくなってきた。すると村さんも考えて、シュート回転とスライダー回転のフォークを投げ分けてたんだ。

――野茂のフォークも一度は浮くらしいですね。

江夏　本当は浮きっこないんだけどね。そういう感覚に打者がなるんだ。広島の外木場《そとこば》義郎《よしろう》、中日の稲葉《いなば》光雄《みつお》のカーブも印象に残っている。この人達のカーブもひゅっと浮き上がる感じでストンと落ちた。そういうカーブだったね。

岡田　フォークでビックリしたのはカズさん（山本和行《やまもとかずゆき》）です。カズさんは、フォークの握りでセットに入るんではなく腕を後ろに下げたときに、ぱっと握りをフォークに変えるんです。だから、2、3回、マウンドで、ボールを落としていました（笑）。球種がばれないように意識してそうされていたんでしょうね。全盛期の落差も凄かった。しかし、江夏さんのようにストレートでばんばん三振を獲るピッチャーはいなかったですね。私の時代は軟投派が多かった。マイク（仲田《なかだ》幸二《こうじ》）も、ボールになる球は、めっぽう速いけれど、ストライクになるボールは遅かった（笑）。

江夏　マイクもコントロールに苦しんだな。

岡田　阪神のピッチャーでは、私が入ってからは、小林繁《こばやししげる》さん、江本さんが、まだいたんですが、この人が投げたら絶対に勝てるという江夏さんや村山さんの時のような本当のエースはいなかったですね。江本さんも「ベンチがアホ」事件で、すぐ辞められましたから（笑）。伊藤文隆《いとうふみたか》、工藤一彦《くどうかずひこ》らが出てきた時代で、池田親興《いけだちかふさ》、中西が、その後入ってきましたが、どちらかというと、85年が、その象徴なんですけど、打つほうのチームという感じでピッチャーは弱かったですよね。単発的にはあっても毎年、2桁を続けた投手はいませんでしたもん。マット・キーオも3年は勝ったかもしれないけれど。5年も続けるエースがおらんかったですよ。ただ、遠山奬志《とおやましょうじ》のように1年目から勝った高校出のピッチャーもいました。遠山は8勝しましたから。でも、その後は、全然、あかんようになる（笑）。なんでですかね？　阪神には、今エースと言われる人が出てこないでしょう。

江夏　1年目は勢いだけだからね。相手も研究ができていない。ここから先が考えることをしているか、していないのか。打者との追いかけあいの中で常に先を行っているのか、追いかけるほうになってやしないかというところだろうな。なぜエースが出てこないのか。我々の時代は鈴木啓示にしても平松にしても英才教育というものではなく、個人の能力でポーンと出てきた。それだけの素材がいないというのも確かだろうしね。しかし、育て方にも問題はあると思う。井川は、何年かファームで調整してから出てきたわけだからね。

江川のボールはホップした

岡田　速さで言えば大学のときの江川は速かったですよ。バットに当たらなかった。後から映像を見ると、みんなボールの下を振っているんですよ。プロに入った後、何度も対戦しているけれど、そのときよりも法政の３年くらいが一番速かったんとちゃいますかね。

江夏　江川はプロに入って５年目までは怪物だったな。でも後の５年は故障もあって並のピッチャーだった。

岡田　ボールがホップするというのがわかったんですよ。

江夏　まあ、実際はホップなんてしないんだけどね（笑）。

岡田　ストライクゾーンは打てそうな気がするんですけどね。ベルトより下は。でも映像を見てみると振っているのはいつもベルトより上なんですよ。

――最初に１５０キロを記録した小松はどうでしたか。

岡田　あんまり速く感じなかった（笑）。ちょっとアーム投げやからね。

江夏　中日で言えば、小松よりも鈴木《すずき》孝政《たかまさ》のほうが良かっただろう。

岡田　そうですね。孝政の方がキレがあった。ズドーンとくるボールと、ピュッとくるボールは全然違うからね。

江夏　勝てるボールと勝てないボールってあるよね。

岡田　久保田のボールと球児のボールの違いですね。久保田のはズドーン。球児はピュッ。この違いですよね。

江夏　外から見てて「わあ、速いな」というボールでも、いざバッターボックスに立つとそうでもない。逆に外から見てて、「なんだよ」と思うようなボールでも、打席に立つと打てないボールってあるよな。

岡田　それはありますね。今のピッチャーはボールの引っかかりが悪いですよ。昔のええピッチャーは、ベンチまでピシッという球離れの音が聞こえてきましたもんね。今のピッチャーは、まあ、そういう音は聞こえません。指に掛かってないんですよね。

江夏　現代の方が明らかに体力的には恵まれているんだけどな。岡田君の言うように昔はピシッという音が聞こえたね。

岡田　スピンをかけるピシッという音がね。

――現在で言えばソフトバンクの杉内俊哉《すぎうちとしや》のボールのスピンはいいらしいです。

江夏　スナップが柔らかいし速く使えているからね。いいピッチャーだ。一番大事なのは、スナップなんだよ。そのためにフォロースルーもあるんだから。金田《かねだ》正一《まさいち》さんもふわーっとしたゆっくりなフォームだったけど、投げる瞬間はビュンって切れる。スナップのキレだけなんだよ。それはヨネさん（阪急、阪神、近鉄で通算３５０勝した米田《よねだ》哲也《てつや》）にしたって、梶本《かじもと》隆夫《たかお》さん（阪急で通算２５４勝）にしたって同じだよね。

岡田　いいピッチャーは手首が柔らかく使えますよね。

江夏　それだけ前でボールを離してるから、バッターにしてみれば、18・44メートルのプレートからホームベースの距離が短く感じるよね。でも今はなぜ、キャンプからブルペンでもっと内容のある練習ができないのかと疑問に思うよね。同じ１００球を投げるのでももうちょっといい投げ方をすれば、フォームもできるのにな。

岡田　そうですよね。私もそう思います。

江夏　メジャーからいろんなものが入ってきているけれど、ピッチャーの肩にしても、投げ込んでこそ出来るものなんだ。フォームというものは、投げ込まないと固まらない。それを今はあまり投げさせないよな。監督、コーチも調整を好きなようにさせている。その答えが、あのわけのわからない言葉を生み出した。「違和感」。我々の時代ならば「ちょっと肩がおかしいんですよ」と訴えると「おかしかったら笑えよ」で終わりだった（笑）。

「痛い、痛い」と言うと「痛いのはお前だけなんだからお前さえ我慢すれば良い。痛いと言うな。痛いと１００回言って治るんだったらそうしろ」という世界だった。そもそもピッチャーの肩肘には、どういう時に痛みが出るかと言うと、２つしかない。疲労、その次に投げ方なんだよね。そこをコーチが細やかにチェックしながら「ちょっと疲れてるな」とか、「投げ方がちょっと悪いから痛める可能性があるな」と、相談してできる指導をすればいいんだけど、「ちょっとおかしいんです。痛いんです」というと「そうか。じゃあ休め」で終わっている。指導者の能力にも限界があると思うね。

岡田　ここはトレーナーの質の問題もありますよね。痛さや怪我の程度は本人にしかわかりませんからね。トレーナーがどう選手を管理するかの問題では、私も、ずいぶん苦労させられました。何度「もう辞めろや」と怒鳴ったことか。いつもトレーナーは泣いていましたが、本当に泣きたかったのは私のほうですよ（笑）。選手を休ませればそれだけ戦力がダウンするわけですから。

江夏　野茂が近鉄時代に首脳陣とぶつかってから投げないという風潮が強くなったんだけど、これはアメリカの流れだよね。でも、アメリカのやってる事が全て間違いとは思わないし、全て正しいとも思わない。アメリカにはアメリカのやり方、日本には日本のやり方がある。だって今でこそ日本は沖縄で春季キャンプを張るけれど、我々は寒い場所でのスタートで、ボールを投げることへの恐怖心があった。アメリカは、ほとんどの場合、フロリダやアリゾナの暖かい場所からスタートするから、そういう恐怖心がないよね。これは、打つ、走るという事にも同じことが言えるのよ。

岡田　環境で言えば、今は、本当によくなっていますよ。

江夏　私らの時代は、登板の翌日に、知らないうちに２００球投げていて、また中1日で投げたこともある。自慢じゃないが、私はプロ18年で登板拒否したことが一度もないからね。「行ってくれ」と言われれば、どんな状況でも投げた。それだけ純粋で燃えてた時代かもしれないね。晩年は、先発でノースローという日も作ったけれど、たとえ完投した次の日でも、キャッチボールはしていたよ。感覚的に1日たりともボールを離したくなかった。ただ、私のやり方がすべて正しいんじゃない。これは自分の考え方で、プロとして考え、長年やってきた結果、そういう答えを出したわけやからね。

第４章　江夏豊の最強の投球論

アウトロー革命

アウトローのストレートを軸にする、という現代の配球術の基本を最初に取り入れたのは私だった。これはもう日本の野球界の革命だった。かつては左ピッチャーならば、セオリーとされていたのは右打者に対してインコースを狙うクロスファイアーのボールだった。しかし、私は１年目に２３０イニング投げて27本のホームランを打たれていた。クロスファイアーは決まればズバッと気持ちがいい。しかし、コントロールミスをすると遠くに飛ばされる危険性のあるポイントである。

大阪学院高時代にホームランを打たれたのは、後に近鉄に入った明星高、平野《ひらの》光泰《みつやす》のランニングホームラン１本だけである。そういう私が、東京スタジアムで、当時大洋ホエールズの近藤《こんどう》昭仁《あきひと》さんに左中間に弾丸ライナーで放り込まれた。

「なんでこんなちっちゃい人に打たれるんや……」

私は不思議でしょうがなかった。熊本の藤崎台という両翼が広い球場でも広島の藤井《ふじい》弘《ひろし》さんにオーバーフェンスを打たれている。ヒットならばまだいい。しかし、ホームランを浴びるということは、チームが勝つ確率がどんどん減っていく行為である。ホームランを打たれないようにするにはどうすればいいか。私は深刻に思い悩んでいた。

そのタイミングでアウトローというホームランを打たれにくい配球への発想の転換が生まれるわけだが、そのきっかけを与えてくれたのは、阪神のコーチである林義一さんだった。

林さんは、裁縫道具を取り出して針の穴に糸を通す仕草をした。

「針に糸を通す時には近くで通すのと、遠くに離して通すのとどちらが難しいかな？」

「そりゃあ、遠くの方が難しいです」

「そうだよね。人間は近くにあるモノの方が焦点を合わせやすいよね。遠くには盲点がある。インコースよりアウトコースの方が打者からすればボールが遠くになるよね。ならば外で勝負してみればどうかな」

林さんの言葉を聞いて、私も、実際に針と糸を手に持って小さな穴に細い糸を通す作業を何度か試してみた。腕を伸ばして遠い位置で通すより、目の前に近づけて通した方が容易である。内より外。当時の野球界のサウスポーの誰もが考えもしなかった理論ではあるが、私は林さんのアドバイスに納得した。

次なる問題は、そのアウトコースに投げる為には、どうしたらいいかということである。フォーム構築の問題だ。

私のフォームの形から考えると、腕を振った際に、手首の中心点、生命線の出発点あたりが、アウトローに一直線の線で結ばれるように使わねばならない。手首の角度が、少しでもずれたりして、一直線の線が描けなければコントロールが定まらないのだ。その手首の位置と角度、使い方が一定するにはどうすればいいか。下半身を開かない、上半身が突っ込まない、ボールを担がない、の3原則にプラスして正しい体重の移動。こういう動きが、すべて手首の中心点がアウトコース低めに向かうためにつながるのである。

私は、走者がいなければプレートの一番1塁側を踏み、セットポジションのケースでは、4分の3ほど内側に入った場所を踏んでいた。プレートの踏む場所が変わっても、手首の中心とフォロースルーが一直線にキャッチャーの構えたミットへ向かわねばならない。このフォームを会得するために毎日、毎日投げ込みをやった。

身体を開かないというのが、特に注意事項だった。これはバッターでも同じ理屈だろう。身体の力をまず分散させない。そしてボールの出所を見えにくくして、しかもボールをできる限り先でリリースするための必須事項である。

　では身体を開かないために前の右肩を意識するのか、後ろの左肩を意識するのか。これは、それぞれが最もやりやすい方法をとればいいと考えていた。私の場合は右側が開かないことを意識して、できる限りボールのリリースも前に置く。私はどうすれば開かないかの手法を常に考えていた。

　その作業を助けてくれたのが、哲ちゃんこと、山本哲也《やまもとてつや》さんである。「よし！」と私が納得するボールがいくと、「ボソッ」というミット音しか出ない。自分としては絶好のボールである。当然「この野郎！」と思って、さらにピッチングに力が入る。

　逆に「今日は疲れた。あまり投げたくないな。早く帰りたいな」という気を抜いたボールのときに、「パチーン、パチーン」と最高の音がする。

「思っているよりもええやないか」という気になってきて、50、60球で止めるつもりが、知らぬまに１２０、１３０球と投げ込んでいる。心理のキャッチボールとでも言えばいいのか。私の心理を読んで、キャッチング技術で音を変えていたのだ。本当に投手の心理をうまくつかみ、私を成長させてくれた最高のキャッチャーだった。これは今のキャッチャーにはない技術だ。

哲ちゃんは、天覧試合のキャッチャーである。小山《こやま》正明《まさあき》、村山、バッキーといった超一流のピッチャーを受けてきた。1メートル70もない小さな人だったが、ホームベースの向こう側にいる哲ちゃんは、本当に大きく見えた。こういう人と巡り合えたことは、私にとって最高の財産となっている。人が人を作る。哲ちゃんらの協力を得て編み出したアウトローを基本にする配球は、今やサウスポーの常識となっている。

初球で測る

そのアウトローは見せ球でもあった。1球目にアウトローへ投げたときに左目でボールを見て右目でバッターを見る。難しそうに聞こえるけど、これを当たり前の作業にすれば何でもない技術だ。『江夏の21球』で石渡《いしわた》茂《しげる》のスクイズをカーブの握りのまま瞬時にして外したのは、こういう鍛錬が生きたのである。

たいていの打者は、この1球で反応が出る。ハッキリ出る時や出ない時など反応は様々だ。だが、ここから私は打者の狙いを察知するのだ。データ主義は野村監督が、南海時代に初めて本格的にスコアラーという役割を導入して作ったものだ。だが、そのデータは、どう使うかの能力によって生きたり無駄になったりする。打者の狙いを察知するセンスと、そのデータが融合することがベストである。

　当時の配球と言えば、相手が狙っているボールの裏をかく野球だった。インコース狙いならアウトコースへ。カーブ狙いなら真っ直ぐ、真っ直ぐ狙いなら変化球という具合だ。私は打者が待っているボールの近辺に投げた。誘って振らせる事を狙ったのである。これは現在の野球の流れにつながっているものだが、そういうデータや打者の反応を元に弾《はじ》き出した読みは、あくまでも気休めであって１００％ではない。リリーフという仕事は50％―50％では辛いが、51％的中すればいい。たった１％でも上をいく。リリーフで１００球を投げることはないが、わかりやすく説明すれば１００球のうち49球は、捨て球でＯＫという思考だ。

　だから私は初球を大事にした。そこに細心の注意を払うのだ。初球を打たれるほどバッテリーにとって悔いの残る愚かな行為はない。何にも考えずに初球からストライクを取っていく投球は私から言わせればプロを名乗る資格はない。

　初球というのは絶対にヒットを打たれることを回避できるカウントなのだ。例えば１―２、２―３から勝負に行って打たれる。これは致し方がない。しかし、初球には、前の打席、前の試合のデータしかないわけだから、考えのあるボールとはならないのである。１

球投げてこそ、2球目、3級目の配球が出てくるのだ。今回、対論した岡田君が、後の章で「初球は振らない」という打撃理論を語っているが、現代は野球が進化してきて平然と初球の真っ直ぐを見逃す打者が増えた。外国人打者でさえ初球の真っ直ぐを平然と見逃す。だから、初球から真っ直ぐ、ど真ん中という投球も珍しくなくなっている。しかし、私が考えるピッチングとは、カウント0―1からスタートする投球術である。1つ相手にハンディを渡す。ゆえにコントロールが必要になってくる。0―1から勝負できるだけのコントロールを持ちなさいという提言でもある。

今の阪神で、こういう技術と理論を実践できるのは、下柳と安藤くらいではないか。下柳は阪神に来てから何かを会得したように見える。力一杯に投げてもボールはいかない。抑えられることもないということを悟っている。私は下柳の日本ハム、ダイエー時代の力任せのピッチングを知っているだけに、本人は相当に野球を考え、努力したのだと思う。

三振を奪うピッチングと勝つピッチング

阪神から南海へトレードされる頃、もう先発完投が出来る江夏豊は存在していなかった。肩の故障もあって長いイニングは投げられない、もう本当に野球を辞めなきゃならない。

そう逡巡《しゅんじゅん》していた時に野村監督がリリーフという新しい道を切り開いてくれた。

　私は「阪神のままで野球生活を終えたい」と引退をも考えていたが、「一緒に革命を起こそうやないか」という、あの人の言葉で、その考えを撤回。南海移籍を受諾して、リリーフという新しい世界に足を踏み入れた。

　同じピッチャー、同じ江夏豊でも、先発とリリーフでは野球の内容は１８０度違うものだった。先発で三振を獲ることだけを考えていた江夏というのは、例えば諸先輩方から「三振を獲るには最低３球は投げなきゃいかん。ボール球を挟んだら４、５球は必要や。でも、それを１球か２球で打ち取れば楽やぞ」と言われても反発していた。

「オレはそんなピッチャーにはなりたくない」

　プライドだったのかもしれないし我がままだったのかもしれない。しかし、私は三振を奪う美学を捨てたくはなかった。そういう信念が、その先の江夏豊を作ったとも思う。

　新しいリリーフという世界に飛び込んでいった時に、１試合で投げることのできる球数は20球か30球だった。そこで生まれた新しい発想が、１球でもいいから球数は少なくする、そして打者の心理を読み三振を奪うのではなく、打ち取るための配球を考えるという投球論だった。

3点リードしていたら2点取られてもいい。1点しかないときは1点もやれない。そういう状況に応じた投球も模索せねばならなかった。今でこそストッパーは1イニング限定で走者もいない綺麗《きれい》な場面で入っていくけれど、我々の時代は、7回8回からで1死3塁、無死2、3塁などの走者を置いたケースでの登板も少なくはなかった。外野フライも打たれてはいけない、三振か浅いフライでないとダメだというような絶体絶命の局面に何度も対峙《たいじ》した。

こういうケースでは打ち取るパターンが制限されるので必然、バッターの盲点、配球、勝負の流れ、というものを真剣に考える。晩年のリリーフに転向してからの江夏豊は、力で抑えるのではなく、配球、もしくは技術。ピッチングは芸術なんだという夢の理想像が出来上がってきたし、その結晶が『江夏の21球』に繋《つな》がっていったのである。

投手より優位に立つための処方箋

投手が優位に立つには打者に「次は何がくるのか」と考えさせ、後手、後手に回らせることだ。ロッテ時代の落合博満が最初はそうだった。

昭和56年、日ハム時代の私は落合を完全に抑えていた。1球、1球、落合の読みが変わってくるのが手にとるようにわかった。私の配球を後から追いかけてくるのである。

ロッテ－日ハムのプレーオフが行われたシーズンのオフだった。落合と麻雀を囲んだことがある。オチがポンとリーチをした時に私は、その当たり牌を「この待ちかい？」と当てて見せた。

「なんでわかんの？」

「そんなもん、お前の野球と同じですぐわかるよ」

「え？　なんで？」

「1球1球追いかけてくるから何を待っているかがすぐ見えてくるよ。図々しく待たれるのがピッチャーは一番嫌なんだから」

そう種明かしをすると、真剣な顔で長い時間何かを考えているようだった。

私が嫌だったのは、1球をじっと静かに待つタイプのバッターだ。何を狙っているのかわからないミステリアスなバッターと言ってもいいかもしれない。その典型が、巨人の末《すえ》次利光《つぐとしみつ》、通称「昼行灯《ひるあんどん》」と言われた人だが、自信のあった配球論が通用しない不気味さのある人だった。

落合の野球観が豹変《ひょうへん》したのは、昭和57年7月17日の弘前球場での出来事である。リリーフで終盤マウンドに上がった私は、落合を打席に迎えて3球続けてカーブを投じた。その打席、彼は1球も振らずに見逃しの3球三振をして平然とベンチに帰っていった。堂々と真っ直ぐだけを待った、その精神の図太さを見た時に一瞬、寒気がしたものだ。落合は、その年、3冠王を獲得した。前年の私との対戦成績は12打数1安打だったのだが、この年は5割近く打たれた。クリーンヒットは1本もなかったと記憶するのだが、カチャンカチャンと、守備の間に落ちるようなヒットを重ねられた。あのマージャンの席での私の一言が彼を変えたかどうか、その後日談はしたことがなくわからない。だが、私は悔しいとは思わなかった。ライバルが、ひとつ大きくなったことが不思議に嬉しかったのである。そして今、伸び悩む阪神のバッターには、このエピソードをぜひ読んで欲しい。これが投手との心理戦に優位に立つための処方箋である。

イチローとの仮想対決

イチローは今の野球界のバットマンの中では最後のスターと言えるバッターではないか。もしも私と現役が重なっていたならば、対決に心躍るバッターであることは間違いない。清原も魅力のあるバッターであるが、私と対戦すれば、10の1に終わる。その1はホームランだろうけれど8つは三振を奪えるという確信がある。彼はインコースに致命的な欠陥があった。しかし、あの打席で戦う姿勢は、プロとして賞賛に値するものがある。

イチローがシーズン２００安打を記録した頃に「江夏が対決したらどう攻略するか」という仕事の依頼をずいぶんと受けたものだ。

私なりに研究し、真剣に対イチローの配球を考えたことがある。もちろん、試合の流れや、置かれた状況、前後の対戦結果など、本当の配球論をやるには加味せねばならないデータは山ほどあるのだが、ここはシンプルに弾き出した攻略法を述べたい。彼の技術の優れた点は外角及び外へ逃げるボールと低めのコースに見事なバットコントロールを発揮できる点にある。盲点は振り子と言われたあの右足である。私ならば、あの右足に当てるような感覚で攻めていくだろう。それと、もう1つはグリップエンド。誤解しないでいただきたいが、あくまでも、グリップエンドに当てるような気持ちで投げるということである。

イチローは連続無三振打席の記録を作っていたが、三振を奪う側からすれば特別に難しいというわけではない。イチローも黙って突っ立っているわけではなく、絶対にバットを振ってくるのだ。ミートは天才的に上手いが、何も力を抜いて振ってくるのではない。振ってくる時のパワーというのは同じだから、コントロールと配球さえ間違えなければ三振は奪える。その瞬間、その試合、前の打席、前の試合。そういう状況や感覚、データをすべてインプットした上で弾き出さねばならないのだが……。

　良いバッターになればなるほど、一番嫌がるのは真っ直ぐで、特に胸元のボールに手こずる。それは１５０キロのボールでなくてもいい。１３７、８キロでいいから真っ直ぐで胸元をボンと攻める。バッターを心理面で追い詰めるのは間違いなく攻めてくる投手だ。反対に逃げる配球はバッターに余裕を与える。攻めるピッチングの大切さは、多くの指導者が口にするが、それは事実だ。

「攻める」の代名詞が、真っ直ぐなのである。誤解があっては困るが、変化球だから、アウトコースだから逃げているというわけではない。繰り返すが、バッターが一番手こずるボールが胸元の真っ直ぐで、相手に対して精神的に攻めていることを伝えるメッセンジャーとしてのボールが必要なのだ。身体の近くを攻められると「ひょっとして手元が狂って当てられるかも」という恐怖心を抱く。脳裏にふっと走る「怖い」という感情を利用するのだ。

　ピッチングとはかくも繊細であり、究極の技術を要するものなのである。

第5章　理想の監督像とは何か？

個性なき時代

江夏　今の選手は自分の主張というのが案外ないんじゃないかな。自己主張が形を変えて個性になっていくわけだからね。私みたいに監督と喧嘩《けんか》ばかりするのが良いというんじゃないけれど、主張すべき所は主張して欲しいんだがね。

岡田　昔は、ひと癖もふた癖もある人間が多かったですよね。今はなんか型にはまるというか、個性がなくなりました。竹之内《たけのうち》雅史《まさし》さんなんか典型ですけど、昔は構えも打ち方もバラバラやったやないですか。今は選手がコーチの言うことをよく聞きます。我々の時代にはなかったけれど、今は調子が落ちたら選手の方からコーチに教えを請いにいきますからね。優等生というよりも、それだけ、まだ自分に自信がないのかもしれません。こういう手法ならば打てる、という自己を確立するようなものを持っていないんですよね。

江夏　愉快な選手は多かったよな。私の仲の良かった選手で言えば、南海時代の門田なんかは、真昼間から試合前に飲みに行っていたからな。大阪球場では、だいたい練習が午後

2時半に始まるんだけど、ミナミの店での集合が正午よ。豪快な時代だったよな。でも、その分、練習もやった。そういう中で技術が出来上がっていく。これは、他の章にも書いたが、岡田君の言うように技術がまだないんだろうな。

岡田　私たちの時は、試合前の練習も魅せる練習でしたわ。ビジターでは観客が入るから「今日はスタンドに10本入れとこか」とか言いながら試合前のフリー打撃をこなしていた。現在は、左投手が予想されるなら左とか、スライダーがポイントになりそうなら、スライダーを多めに打ったり実戦的な内容に変わっているけれど、あのころのフリー打撃は、完全なファンサービスだった。今はコーチが、いかに教えているかを見せてます（笑）。それ意味ないですわ。

江夏　そういう自己ＰＲはいらんよね。

岡田　私は、調子が落ちるとよくブルペン捕手の西口《にしぐち》裕治《ゆうじ》に聞いていました。フリー打撃の最中に「ポイントがおかしくないか？」と。すると、「ちょっと後ろとちゃうか」と、アドバイスをくれる。彼らは、毎日、受けているから変化がわかるんですよ。今は、左の先発が予想されると、試合前のフリー打撃でも左投手に投げさせますが、昔は右も左も関係なかった。専属のような形でバッティング投手とブルペン捕手がいて、掛布さんには、新井《あらい》良夫《よしお》さん、私は青雲光夫《あおくもみつお》さんらに毎日投げてもらっていたから、彼らの感覚が大切なリトマス試験紙のようでした。

江夏　それはわかる。私も山本の哲ちゃん、ダンプさんらのキャッチング技術でうまく乗せられて成長させてもらったからな。

岡田　我々は、遠征先で試合後に飲みにいく時も、そういうお抱えの裏方さんと行動していました。それがなんとなく派閥のようになっていましたね。85年の優勝後の2次会で、掛布グループと、岡田グループに分かれたのも、そのような理由だった気がします。先日、掛布さんと話をする機会があって「オレら別に仲は悪くなかったよな」とおっしゃってました。一度もプライベートでは飲みにいったことはなかったんですが、とりわけ仲が悪いわけではなかったんです。でも、このような当時の流れが周囲から見ると派閥のように見えていたんでしょうね。

江夏　まあ、強いチームというのは、リーダーがいるから強くなるのか、強くなってリーダーが出てくるのか……ひとつ言えるのは強い組織には裏でごちゃごちゃと文句を言う選手が出てこないということ。言いたくとも言えなくなってくる。本当は言わなければならないケースもあるんだろうけどね。弱い組織は、いろんな派閥というかたまりができて相手を引きずり落とそうと運動したりする。こうなるとチームは弱くなり醜くなる。今の阪神にはそれがないのはいい点だよね。いずれ出てくるのかもしれないけれど……。

岡田　そうですね。現在は、チーム内にそういう派閥などは見当たりませんね。選手の年俸も上がって、生活も昔と変わったのも原因かもしれません。それが個性の強さを消しているのかもしれませんけどね。

攻める守備――岡田彰布

私は、プロでセカンド、レフト、サード、ファーストと4つの守備位置を経験している。早大ではサードだったが、80年の入団当時、阪神のサードは掛布さん、ショートは真弓さんが不動の3、4番コンビで、私はセカンドにコンバートされた。当時の守備コーチの安藤統男さんには捕球時に腰が高いことを指摘された。早稲田大で主戦場だった神宮球場はグラウンドが固くて打球が速くて大きい。サードだった私は気がつかない間に腰が高くなっていた。慶応出身で神宮のグラウンドの特性を知る安藤さんだからこそのアドバイスだったのかもしれない。私の現役時代の歴代阪神監督は、ドン・ブレイザー、中西太《なかにしふとし》さん、安藤さん、吉田義男さん、中村勝広さんと内野手出身者が多く、直接指導を受けることができて技量アップの機会にも恵まれた。

元々ショートだった私は、セカンドへのコンバートには抵抗は何もなかったが、困ったのはレフトを守った84年のシーズンだ。83年の7月に足を怪我。そのシーズンも後半は足に負担の少ない外野に回ったのだが、84年の4月に寒い甲子園のゲームで併殺を狙いターンした時にまた古傷を痛めた。結局、この年は、平田勝男がショート、真弓さんがセカンドにコンバートされ、私はレフトを守った。

野球人生において外野は初めてではなかった。北陽高1年で甲子園出場した時もレフトだったし、早大でレギュラーに定着した1年の秋もレフトだった。当時の内野が巨人に行って外野に転向し青手袋で活躍した松本匡史《まつもとただし》さん、それぞれ阪急に進んだ吉沢俊幸《よしざわとしゆき》、八木《やぎ》茂《しげる》、マックスと呼ばれた佐藤清《さとうきよし》さんが揃った「１００万ドルの内野陣」。私が入り込む余地はなかったのである。

「守備位置はどこでもええ。試合に出るのが最優先や」

これが私の考え方だった。

外野コンバートは技術的には無理ではなかったが、野球に入りこめない、ぽつんと取り残されたような「外野」の心理面に戸惑った。特にベンチから首脳陣が出てきてマウンドに選手が集まるときには「何を話してるんやろう」と気になって疎外感に襲われたものだ。だが、私の外野生活は1年で終わる。84年のオフに監督が安藤さんから吉田さんに代わった時、すぐに新聞記者が私のもとに取材に集まった。吉田新監督が「もう一度、岡田にセカンドに挑戦させる」と発言したようで、その反応コメントを求めてきたのだ。内心、内野に戻れることが嬉しかった。

今振り返ってみても、私にはセカンドが一番フィットしていたと思う。地肩が強かったし、ランナーに接触しながら、リストで投げるような局面にも対応できた。自分で言うのもなんだが器用だった。ピッチャーの配球もサインもすべて見える。考えることの多いポジションだということも向いていたのかもしれない。サードは、派手に見えるが打球が速い、瞬間勝負、一発勝負的なポジション。思考しながらゲームを戦うにはセカンドは、私にはうってつけだった。

牛若丸の呼び名や「蝶《ちょう》のように舞い蜂のように刺す」と表現されるほど守備の名手だった吉田さんには「守っていても攻めろ」ということを言われた。85年の春の高知・安芸キャンプだった。無死、もしくは、1死2塁で、ショートゴロが飛んだときには、ボールを捕りにいき、そのまま、塁を出ているセカンドランナーにタッチしてから1塁へ送球。

「ゲッツーを獲れ」と、当時ショートだった平田に指示をしていた。

「そんなことできるんかな」と思ったし、実際、吉田さんが、現役時代に、そういうウルトラC的なプレーをしたかどうかは定かではないが、「守っていても攻めろ」という心構えを象徴するような話だった。守備心得の1つとして、吉田さんは、突拍子もない守りを指示したのだろう。確かに「攻める守備」はあるのだ。

もう1つ言われたのが、「グラブで遊べ」ということだった。

バックトスにグラブトス。当時は、阪神の歴史に残るもう1人の名手、鎌田実《かまたみのる》さんがキャンプに臨時コーチ的な立場で来られていて、「遊べ、遊べ」と本当にプロらしいグラブさばきのテクニックを教わった。もちろん基本技術の反復練習は、当たり前。その上で「お客さんが驚くプロの技術を見せろ! 魅せる内野手となれ!」と要求されたのだ。吉田さんは、テレビ解説で「守備に遊びがないですなあ」と時折、表現するが、鳥谷、関本、新井ら現在の阪神の内野手を見ていると守備に余裕がない。堅実に1つのアウトを獲るという基本は忘れてならないが、プロフェッショナルなのだから「攻める」「魅せる」という、もう1つ上の「守り」にチャレンジしてもらいたい。

名将たちの知られざる素顔

——江夏さんは名将と呼ばれる何人かの監督を見て来られました。理想とする監督像というのはありますか。

江夏　そうねえ。私は、阪神、南海、広島、日ハム、西武で計９人の監督の下でプレーしたけれど、これは答えが出ないと思う。野球は１つの世界だけど指導者は様々だからね。技術で選手を引っ張っていく指導者もいれば、野球といえども人間のやることだから人間関係、人間味で引っ張っていく指導者もいる。それはどちらがいいというのではなくて、時には技術で、時には人間味で引っ張る必要がある。岡田君と議論したように主力を休ませるときは、ちょっとした気遣いが必要だし、三十数人いる選手を組織として組み立てることも必要だしね。強いチームを作り上げるには、会社やフロントの協力も必要だけど、監督の実力が担う部分が大きい。勝たないといい指導者とは言えないんだから。たとえば楽天みたいに勝ったら監督の手柄で、負けたら選手の責任。これでは選手もむっとするわね。これは、かりにそう思っていたとしても、絶対に監督が口に出してはいけない言葉よ。マー君、マー君と、野村さんに言われて、岩隈久志《いわくまひさし》なんかは、よく我慢してやってるなと思うけどね（笑）。まあ、野村監督は野球界の骨董品《こっとうひん》だから何でも許されるのかな（笑）。

——江夏さんは、野村監督に新しい世界を見出されたんですよね。

江夏　そうやね。当時、リリーフというまだ確立されていない仕事を薦めてくれたのが野村さんやったね。まさに革命を起こさせてくれた。野球を頭で考えることを教えてくれたのも野村さんで、いつも試合が終わったら、スコアブックを野村さんの家に持ち込んで配球について語り合ったものよ。私と野村さんと柏原で刀根山の同じマンションに住んでいたからね。でも、野村さんはね、自分とやっていたころと比べると人間が変わったね。やっぱりヤクルトへ行って変わった。

岡田　そうなんですか。

江夏　ある時、新幹線でばったりと一緒になった。そのときに「監督、友達をたくさんなくしましたね」と言った。そしたら野村さんは「せやな。でもまあ、お金はいっぱい残ったからな」と言ったのよ。

岡田　ほんとですか（笑）。

江夏　それを言われた瞬間、何も言い返せんかった。「そうですか」と。ただ一言よ。南海時代の野村克也と、ヤクルトへ行って優勝して、阪神、楽天で監督をした野村克也は違う人間。変わったね。監督が選手のご機嫌をとる必要はないんだけど、監督が「オレがオレが」では、選手はついてこない。「今日はちょっと休んでこいよ」と裏で言えるような人間味が必要だよ。

――古葉さん、広岡達朗《ひろおかたつろう》さんは実績を残された名監督ですね。

江夏　我々の年代では、必ず古葉さんの名前が出るよね。人間という部分で慕っているよね。誰が広岡さんのことを言う？　西武の黄金時代を作った人よ。素晴らしい組織を作ったかもしれないけど、私は、あの人には職権を利用して人の生活を脅かす、生活権を奪うということをされたから。これはやってはいけない事だよ。一生許すことはできない。岡田君の先輩のことをここまで言って悪いけどね（笑）。

岡田　いえいえ（苦笑）。

江夏　日ハム時代の監督、大沢親分（大沢啓二《おおさわけいじ》）は、典型的な軍隊式の指導法の人だったけれど、自分には気を遣ってくれて意見を尊重してくれた。それが、大沢さんから上田《うえだ》利《とし》治《はる》さんに監督が代わる時に「次の監督の上さんが、お前がおると煙たい。お前を出してくれというのが条件や」と言うわけよ。私も「自分がいたら上さんはモノを言いにくいだろう」と思っていた。すると「オレも辞めるからお前も辞めろ」となってね。「何言ってんの？　まだまだ野球をやれるし、野球をやりたいし、オレにも生活権があるんだよ」と怒ると、「わかった。オレは常務として球団に残るから、お前の就職口は責任をもって探してやる。お前も行きたくない球団があるだろう」と言ったんだよね。阪神、広島、巨人、西武、この4つは行きたくなかった。セならヤクルト、パなら近鉄という願望があった。強いチームを倒し、弱いチームを何とかしたいというロマンやね。大沢さんは「わかった」と言いながら、結局、決まったのは行きたくない球団と伝えておいた西武（笑）。

岡田　はははは。そうだったんですね。

江夏　困ったなあと思ったね。投手は東尾修《ひがしおおさむ》、野手は田淵を中心にしていいチームは作っていたけれど、管理が厳しいという噂は聞いていたからね。けれど勉強しようかと思ったんだ。それが、帽子をかぶれや、ストッキングはこうしろ、そんなことばっかりだった。門限になると、コーチが各部屋を回るのよ。こういう管理野球は続かないよね。

岡田　食事も管理されていたんですよね。

江夏　朝から玄米よ。嫌になるよ。白いご飯を食べたいじゃない（笑）。パンも玄米パンだよ。それなのに監督は痛風という話が出た。昭和59年かな。西武が大阪遠征に来て新阪急ホテルに泊まって、コーチから「おい豊、明日本社からお客さん来るから一緒に朝飯を食ってくれよ」と頼まれてね。中華テーブルみたいな円形の10人掛けに座って朝食を食うわけよ。会場に行ったら広岡さんの隣しか空いてない。「嫌なとこしか空いていないいなあ」と思いながら（笑）出されたものをつまんでいたのよ。それで、こっちも寝ぼけ眼だから、何の悪気もなく素直に言ってしまった。「ねえ監督、監督はこんなの食ってて、なんで痛風になるんですか」と。周りには近藤昭仁さんやウォーリー与《よ》那《な》嶺《みね》さんとかがいたけれど、みんなの箸《はし》が一瞬ふっと止まった（笑）。広岡さんは食べるのを止めてプイと出ていってしまった。「ああ、まずいこと言ったかなあ」と思っていたんだけど、その後、所沢へ帰ったら即2軍落ちよ（笑）。それが5月の終わりだったかな。それからずっと2軍。怪我もしていないのに、プレーするという生活権を奪われたんだ。

岡田　広岡さんの部屋にはブランデーとかいっぱい置いてあったらしいですね。

江夏　もちろんチームは禁煙だったんだけど、自分だけは部屋でパカパカとタバコを吸っていたらしい。

岡田　人に厳しく自分に甘く（笑）。

江夏　そう。その典型の人なんだな。西武の黄金時代を作った素晴らしい指導者かもしれないけど、悲しいかな人がついていかないよね。あのとき再生された田淵にしたって、後々、広岡さんの名前は出さない。それじゃ寂しいよね。やはり人間味という部分が重要だよ。人間は感情のある動物なんだから。岡田君は、また何年か先には指導者に戻ると思うけれど、「岡田監督に育てられました」と言う選手が多いほど「岡田は素晴らしい指導者なんだな」と我々は思うものね。

岡田　私は、阪神では監督は6人代わりました。現役の時は監督とのつきあいなんてあんまりないですからね。本当の意味での人間味というのはわかりにくいですね（笑）。

江夏　現役の間は考えないよな。

岡田　逆に私が監督のときは、選手とは絶対に飯を食いにいきません。オフでもそうです。

江夏　何も媚《こび》を売る必要はないからね。ただ選手というのは、監督の顔色を見て野球をやっている。これは間違いない。子供が親の顔を見るのと同じだ。

岡田　そうなんです。だから、私は人前では選手に教えることすらしなかった。真弓さんは鳥谷が調子悪いからって、ティーを上げたりしていますけど、私は絶対にしなかったんです。選手というのは江夏さんがおっしゃる通り「監督はあいつにティーを上げてるけど、俺には上げてくれんのかな」と見ているんですよ。だから私はグラウンドでは絶対に個人的な指導はしなかった。もし、教えるならロッカーに帰って監督室に呼んで教える。03年にサードコーチをやってる時も、島野ヘッドコーチに「金本の調子が悪いから教えたってくれ」と言われましたね。「星野監督には、田淵打撃コーチにわからんようにと言っとくから」と。打撃部門は、私の職分ではなかったですからね。札幌ドームだったんですが、ブルペンに金本を連れていって戸に鍵《かぎ》をかけて教えましよ。ジョージ・アリアスなんかにも、バッティングを教えていたんですが、それも遠征先の部屋です。人に見られるとこはあかんのですよ。監督になってからでも葛城とか鳥谷を誰にもわからないように広島球場の一番奥のロッカーに連れてこさせて教えました。選手は敏感ですからね。ピンチで監督がオドオドしとったら大変ですよ。某コーチはピンチになるといつもベンチでカタカタと貧乏ゆすりを始めるから、「お前何してんねん。貧乏ゆすりを止めろ！」とよく注意しました（笑）。ベンチの椅子が連動して、ガタガタ揺れると、選手に伝わるんです（笑）。

江夏　あははは。選手は常に監督の顔見てるからね。

岡田　監督は、ドシッとしとかないとあきませんよね。だからピンチになってブルペンに電話するときも投手コーチには隠れてさせていました。先発ピッチャーがベンチを見たら動きがわかるでしょう。だからマウンドから見えないように、かがんで電話せえと。

江夏　そういうのは選手は敏感だからな。

岡田　ピッチャーもピンチになったらチラチラとベンチを見るでしょう。「電話しとるわ。

交代ちゃうかな」とか考えるやないですか。

——江夏さんも『江夏の21球』のときにベンチが動いたのがわかったんですよね。

江夏　かーっとくるよね。ああゆう動きをされると。ただ、あのときは、サチが、私の気持ちをわかってくれてな。あいつの存在は大きかったな。「お前が辞めるならオレも一緒に辞めたる」という、あいつの一言がなかったらぶち切れとったな。あいつには感謝しとるよ。

岡田　昔はブルペンが外でしたもんね。投手を用意すると、すぐ見えますもん。今はブルペンは神宮以外は中にあるからわからへん。あのとき、ブルペンが見えないと、また違った21球のドラマがあったのかもしれませんね。

その後の『江夏の21球』——江夏豊

その後の『江夏の21球』について少し書く。昭和54年、日本シリーズ第7戦、広島—近鉄は、雨の大阪球場で行われた。4—3で迎えた9回、無死満塁となった場面でブルペンに北別府が走り、投球練習を始めたことに気がついた。池谷も準備をしていた。私は、ベンチの信頼の薄さにいたくプライドを傷つけられた。代打、佐々《ささ》木《き》恭介《きょうすけ》をカウント2—1

と追い込みながらも、私の顔色の変化を察知した1塁のサチがマウンドに来た。

「お前に何かあったときはオレもユニホームを脱ぐから」

私は、ここで気持ちを入れ替え、佐々木を三振に打ち取り、石渡のスクイズを外して3塁走者をアウトにし、最後は、その石渡を三振に仕留めて、あの21球のドラマが生まれたのである。

それからオフのサイン会や球団行事やイベントなどで古葉さんと何度か顔を合わせたが、あの件に対する説明や話は一切なく、私は私で、平常を装って大人の会話をしていた。だが、ずっと腹の底には、納得のできない黒いしこりのようなものが残っていたのである。

その翌年の本拠地広島市民球場での開幕の日だった。試合前の練習を終えると、私は、サチに「今から監督とこに行ってくるよ」と伝えた。

「本当に執念深いなあ」

「いや、気持ちがスッキリしないと開幕できんよ」

私は、たった1人で監督室を訪ねた。日本一になった翌年の開幕日だけに監督室の周辺も騒しかった。けれど、監督が一番困る日でないと腹を割って話ができない気がしたのだ。

「監督、今日は上がらせてもらいます」

古葉監督は、一瞬、呆然《ぼうぜん》となった。私が何を言っているのか理解できなかったのだろう。

「ど、どうした？」

「日本シリーズでの出来事を私は納得していません。納得できないかぎり野球はしたくない。私はそういう男です」

監督はマネージャーを慌てて呼んで監督室の周辺に人を寄せ付けないことを命じると、2人きりで懇々と話をしてくれた。

「お前のプライドを傷つけた。悪かった。頭を下げる。ただ、言い訳かもしれないが、準備して最悪の事態に備える監督としての仕事がある。わかってくれ」

本当に腹を割ってすべてを話してくれた。私は、古葉さんの目を見ていた。この人は何も偽っていない。そう思えた。筋さえ通れば私に恨みつらみは一切ない。

「わかりました。納得しました。スッキリしました」

私が監督室に談判しにいった話はロッカー内に広まっていて、山本浩二や、水谷実雄《みずたにじつお》がゲラゲラ笑いながら「豊らしいな。その監督の顔見てみたかったな」と言う。

「残念やな。それを見たのはオレだけや」

こういう話のできる仲間たちが広島にはいたのだ。

古葉さんにすれば、大迷惑な談判だったかもしれないが、それ以降、古葉さんとの絆《きずな》は深まった。藤本定義さんと私は、おじいさんと孫の関係だったが、古葉さんと私は、兄貴と弟のような関係だった。古葉さんは、今でも好きな人の1人だ。

何事においても逃げずに正面から向き合うことが大切なのだ。人間が集まっている集団である。言葉の行き違いや、行動の行き違いなどはある。岡田君との対論でも議論しているが、重要なキーワードは人間味である。

この古葉さんとの出来事は私の財産になっている。

その後、日ハムへのトレードもあったけれど、広島にいた3年は3位からスタートして2年連続で日本一になった。達成感と充実感のある時代であり今でも感謝の気持ちがある。

見ててつまらん野球が理想

——江夏さんは去年までの岡田さんを見てて、監督としてどう評価されますか。

江夏　自分の芯《しん》を持っているよね。それとオリックスに行ったことが、いい経験になったんじゃないかな。

岡田　阪神のことはいつも気になっていましたが、ええ勉強になったと思っています。他チーム、しかもパ・リーグのユニホームを着た経験は。

江夏　ヨソの飯を食うのはいいことよ。

岡田　はい。自分でもそれはプラスになっていると思います。マイナスには絶対なっていない。まして、仰木さんは、ちょっと変わった監督像でしたからね。打順を公募で決めてみたり、野手にピッチャーをやらせてみたり、阪神の監督じゃ絶対にできないなあということばかりをやっていました。人気を集めねばならないパ・リーグで、しかも、オリックスやから通用するなあと思ったこともありましたが、ああいう姿勢は、勉強になりました。我々はプロですからね。

江夏　岡田監督で印象に残ってるのは、05年の初めだったかな。「江夏さん、コマジン、コマジンを作りますよ」と言うから、なんのことやろうなと思っていたら、それが藤川のことだった。そのころ藤川はそんなに名前が売れてなかったから、横浜の佐々木の「大魔神」に対して、「小魔神」と岡田君は言っていたよね。しばらくして藤川が頭角を現してきて「ＪＦＫ」という呼び名がつけられて3枚のリリーフが確立されていくわけだけど、あのときは、私もリリーフ出身だから嬉しかったよね。いいものを作ってくれたなあと思った。先発にばかり目がいきがちだけど後ろも大事なんだよということをわかってくれてるということでね。ＪＦＫの存在が強い阪神を確立させたんだよ。ディフェンスは計算できるから大切だよね。ＪＦＫでどれだけ高い勝率を挙げたか、わかるよね。まあ今年は違うけど（笑）。

岡田　球児は、その2、３年前に、背番号92にしてたんですよ。名前が球児やから、そのゴロでね。04年は、マイク・キンケイドが22番をつけていたんですが、１年で退団して22番が空いたから「お前はまだ小魔神やけど、一緒の番号つけろ」って（笑）。05年に、佐々木と同じ背番号22になったんですよ。

江夏　勝負だから勝つときも負けるときもあるけど、岡田君の采配のように一本芯が通ってると安心して見てられるよね。

岡田　理想を言えば、本当はお客さんが見てて楽しいほうがいいんだろうけど、私は逆にお客さんが見てていい意味でつまらん野球をしてやろうと思ってたんですよ。６回、７回で、リードしていれば、「ああ今日も勝ってしもた」というような見ててつまらない試合。

江夏　石橋を叩いて渡るという言葉があるけど、それを作るまでにどれだけの時間がかかるかということだね。

岡田　９回逆転サヨナラ勝ちのほうが、見てて面白いとは思いますけどね。ベンチにいる人間の思考はそうではありません。私は7回を制するものが野球を制するという考えなんです。

江夏　お客さんがつまらんということは、相手チームに「もうだめだ」と思わせてる状態だからね。勝負事において、相手に引導を渡すことは重要だよね。

岡田　そうなんです。相手にあきらめさせるのが一番なんです。7回で1点でもリードがあれば、「今日も、7回で藤川か、もうあかんわ」と思わせたいのです。そうは思わないとしても、相手は慌てて、ベンチの動きなんかも早くなってきます。相手ベンチに心理的にプレッシャーをかけることができたのです。

江夏　それを相手に植え付けるには、それなりの時間と実績が必要ということだね。

岡田　藤川を使うのは、正直めっちゃくちゃ冒険でした。先発で1勝か2勝しただけのピッチャーですからね。本当は藤川は、03年のオフにクビにされる予定だったんです。もし04年も星野さんが監督をやっていたら間違いなく戦力外でしたね。肘をちょっと痛めていることもあって、9月の時点では戦力外通告のリストに入っていたんです。もし戦力外になったら広島が即獲ったという話も伝わってきましたけどね。広島のスカウトは昔から藤川を追いかけていたんですよ。もし、戦力外にして広島に獲られていたら大変なことになっていました（笑）。

――岡田さんは初めてユニホームを脱がれたわけですが、ベンチを離れて見えてくる監督像みたいなものはありますか。

岡田　私には、どういう野球をしたいというのはないんですよ。監督に就任したのが、星野監督の03年の優勝の後からやったから、とにかく優勝争いをするチームにしなければならないという使命があったんです。理想の野球というのがないから、ＷＢＣの代表監督なんかとてもできないですよね。ピックアップしてええ選手ばかり集めてくる野球はようせんのですよ。例えば代表チームは、足を使った野球をしたいという理想があれば12球団から足の速い選手を選《よ》りすぐって呼べる。だけど、私はそういうことはしたくないし、性分に合わないんです。それよりも野球に関しては５つも６つもいっぱいの引き出しと、いろんなやり方を持っていることが大事だと思っています。監督をすることになったチームが、どうすれば勝てるのか。例えば、このチームにいけば、３番目の引き出しで勝てるなと考える監督です。どうしたら勝てるかという引き出しを持ってないと監督は絶対に務まらんというのが持論です。前の巨人みたいに４番バッターばっかりを揃えて、なんにもせんでもええチームならば、それでいい。チームの編成上、長打がないチームなら足を使う野球をせなあかんしね。だから「私の野球はこれだ」というのはないんですよ。

江夏　なるほどね。それは自然に生まれてくるもんじゃないかな。

岡田　こうやりたいと理想だけを掲げても現実では無理ですからね。優勝争いするためには、いろんな引き出しの中から、合うものを出してきて、戦術にしないと勝てない。

江夏　凄い選手ばかりが集まってるなら別よ。でも、そうでないなら勝つ方向は戦っているうちに見えてくる。戦っているうちに足りない部分が見えてきて補う。そうなっていくんじゃないかな。

岡田　巨人が４番バッターばかりを集めた時期には勝てなかったじゃないですか。なぜ勝てなかったかと言ったら、バントとか小細工をするからですよ。そういうことでしょう。いつもベンチで思ってました。「もっとバントとかやってくれよ」と。どっしり構えられるのがいちばん怖い。内心はいつもそう思ってたんです。

江夏　野球を変えやすいのは機動力だね。走れる選手を使えば機動力は使える。バッターがボールを遠くへ飛ばすとか、ピッチャーが速いボールを投げるというのは、天性もあるし、そう急には変えられない。

バントの是非

岡田　これは、私の理論ですが、バントには否定的なんですよ。野手でもピッチャーでもされたら楽ですもん。監督就任の最初の年はバントをしないことをずいぶん批判されましたが、基本的には「なんでわざわざアウトを簡単に１つやるの？」という考えがある。ただ、これは、あらゆる状況によっては変わってもきます。チームの陣容、シーズンの序盤か、中盤か、終盤か、相手投手、こちらの投手の力量に、こちらの打線の調子などを見極めてバントが必要なケースも出てきます。

江夏　バントというのは、無条件で相手にアウトを与えているわけだから、岡田君の言うように、投げている方はバントをしてくれたほうが楽だよね。「打ってくるのか」という状況の方が嫌だね。まして内野手はもっと楽。守りやすいと思うよ。

岡田　ヒットで出たランナーは大事にしたんですよ。でもフォアボールとかデッドボールで出たランナーの場合はバントをさせないことが多かった。もらったランナーですからね。ヒットで出たランナーは大事にせなあかんと思う。でも相手がくれたランナーは別にアウトをくれてやる必要がないから打たせることのほうが多かったですね。

江夏　そこは監督の考え方、方針だからね。

――江夏さんはバントの場面でバントさせませんでしたよね。配球の中でバントを失敗させてましたよね。

江夏　自分で守備が悪いのがわかっていたからな（笑）。ただここはバントをさせた方がいいと判断したときは、外にバントをしやすい球を投げたけどね。バントというのは簡単そうに見えて難しいケースもあるしね。守っていて嫌だなあという時と、「やってくれ。やってくれ」という時がある。

岡田　クリーンアップを打っていた私にもバントのサインが出たことがありましてね。あの85年の優勝の年ですよ。後楽園でピッチャーが江川。７回まで０―０の展開でした。打順は４番の掛布さんからでね。私がベンチを出るときに吉田監督から「掛布が出たらバントさせるからな」と言われました。「出るなよ。出るなよ」と願っていたら、なんとフォアボール（笑）。そうしたら、ほんまにバントのサインが出たんですよ。その初球です。一応、バントをしようとして失敗しました（笑）。やる気がないんですから。そうしたらカウント１―２になって、今度はエンドランにサインが変わったんですよ。その球をホームランにしました（笑）。結局、その２ランが決勝点となって２―０で勝ったんです。クリーンアップにバントはさせたらあきませんよ。バントということはアウトを１つやってヒットが出る確率をゼロにするわけですからね。

江夏　そのあたりは試合の状況によって違ってくるだろうね。後ろの打線を見て得点が入る可能性が低いなという場合もあるし、相手のバッテリーにプレッシャーかけるためにランナーをセカンドへ進めるという戦術もある。けれど、それが岡田君の考え方なんだから正しいも間違っているもないよね。

パ・リーグで学んだ3つのヒント――岡田彰布

私は、トレードによりパ・リーグの野球を体験することになった。93年は怪我と不振の連続でチャンスはもらえなくなり、試合出場は42試合まで落ち込んだ。ホームランはわずか1本しか残せなかった。世間で言う夏休みが終わりかける頃、「岡田戦力外」、「岡田引退」という文字がスポーツ新聞の見出しになり始める。久万オーナーのコメントとして「スコアラー、スカウトからやり直せ」というような内容のものまで新聞紙上に載った。

しかし、私には、球団から何の連絡もなく、新聞辞令だけが先行していた。「ちゃんとした話を聞きたい」と球団に申し入れしてから1か月が過ぎた10月5日にようやく三《み》好《よし》一《かず》彦《ひこ》社長に呼び出された。

正式に戦力外を通告され、新聞で見ていた「スコアラー、スカウトで外から野球を勉強してみてはどうか」というような話が実際に繰り返された。それは私が考えていた将来ビジョンとは大きく食い違っていた。私が阪神に受けた感謝や恩義をお返しするのは、そういう形ではないと考えていたからだ。私はタイガースを愛していた。タイガースで始まり、タイガースで終わる野球人生を思い描いていたが、急転、「そこまで言うならヨソでやったる。もう一花咲かせたるわ」という決意を固めた。

球団を通じて他球団から獲得打診が来たのが、オリックスとヤクルトだった。特に熱心なラブコールをもらったのが仰木監督だった。それまで私との接点は何もなかったけれど、オリックスは当時私に降りかかった女性問題なども綿密に調べあげて、私が逆に被害者だという事実もつかんでくれていた。私は、そういう姿勢に心を動かされ、オリックス移籍を決めた。

10年以上前のパ・リーグの野球は体験したことのない異次元の野球だった。私のパ・リーグへの知識はオールスター戦で対面する程度でしかなく、名前の知らない選手も多かった。人気のセ、実力のパと呼ばれる時代だった。最初のオープン戦だったか。お客さんが外野スタンドに10人くらいしかいなくて思わずチームスタッフに「もう開門してんの?」

と聞くほど人気の差は歴然だった。

　野球は一言で言えばシンプル、つまり大雑把だった。だが、逆の見方をすればファンが見て面白いと思う「真っ向勝負の野球」をしていた。「こんなとこで真っ直ぐ行くか？」とクビをひねるような場面、例えばカウント０―２からでも平気で真っ直ぐ勝負を仕掛けた。阪神からトレードでオリックスに移籍していた野田《のだ》浩司《こうじ》のフォークはベースの前で落ちるのに、それをどの打者も振る。「セ・リーグなら振らんのにな」と私は驚いていた。野田が連続奪三振記録をパ・リーグで作ったのも、こういう野球観と無縁ではないだろう。とにかく人気を呼ぶような力勝負にこだわっていた。ボクシングで言うならノーガードの打ち合いである。

　オリックスのミーティングで配られるレジメはＡ４の紙１枚程度。阪神の資料は、どさっと来たのと対照的である。遠征先のミーティングと言えば宿舎から球場までのバス内だけだった。映像を流しながらポイントのみが指示され、千葉遠征でロッテと試合をする時など、球場が近すぎてミーティング時間は10分もなかったと思う。

　そういう世界だったからこそ西武が黄金時代を築けたのかもしれない。西武は、広岡さん、森さんという巨人出身の監督がセ・リーグの緻密《ちみつ》な野球をしていた。ノーガードの打ち合いの野球に細かいディフェンスや攻撃戦術を加えたのだ。私もオリックスにいて「もう少し考えて野球したらすぐに勝てるのになあ」と、いつも思っていた。

仰木野球もサプライズの連続だった。4番に座って結果が出ても次の日はスタメンを落とされる。当時は不思議なことの連続だった。だが、今考えてみると、仰木さんの戦術のバックボーンにあったのは三原マジックと呼ばれた三原脩《みはらおさむ》さんの野球だったように思う。巨人、西鉄などで監督をされた三原さんは、スタメンでの当て馬やワンポイントリリーフなどをいち早く採用した指導者で選手の「運」も大事にしたと聞く。3の3を打った打者は4打席目は打てない。逆に3の0の打者は、4打席目にヒットが出る。単純に言えば、そういう考え方。実は私も同じ考え方で、阪神の監督時代に、その「運」を采配に生かしたことも少なくない。

私が移籍したシーズンは、鈴木《すずき》一朗《いちろう》がイチローとなって躍進した年だった。キャンプで初めて練習を見た時に本当にいいバッティングをしていた。華奢《きやしや》な身体だったが、打球が良く飛んだ。フリー打撃ではフェンスオーバーを連発する。私は「これは凄い打者になる」と直感していた。後々、打撃フォームを巡っての土《ど》井正三《いしようぞう》さんとの対立などの裏事情を耳にしたが、イチローには頑固なまでのイチローワールドが当時からあって、自分で打撃理論を考え実践していた。仰木監督は、まず何も言わずに見て長所を生かすという指導方針を持っていた。「褒《ほ》めて育てる」。その方針がピタリと当てはまったわけである。

私のパ・リーグ体験には「考える」「運を生かす」「長所を伸ばす」という将来の監督業に向けてのエッセンスとなる多くのヒントが詰まっていたのだ。オリックス移籍を決意した背景には、いささか意地のようなものもあったが、こういう経験を積ませてもらった阪神には、感謝である。

マスコミとの距離感

――阪神はマスコミとの付き合い方が特殊な球団ですが、どのようなマスコミとの距離感が理想なのでしょうか。

江夏　この問題については、今と昔では大きく違うからな。昔は、記者の人たちと一緒に飯も食いに行ったし、よく一緒に遊んだものだよ。本当に家族ぐるみの付き合いをしていた記者の人達もいた。でも中には酷い記者もいてね（笑）。忘れもしないのはS紙のU記者。登板前夜に一緒にマージャンをしていたんだよ。次の日に私が巨人戦で打たれたら、こう書くんだよ。「江夏は登板前にマージャンしていたから負けた」と（笑）。おいおい、そんなことよく書くなと思ったもんだよ。でも、これは悪い例で、なんでもかんでもさらけ出していたけれど、書いていい部分と書いてはいけない部分をほとんどの記者はわきまえてくれていた。私は、今は評論家の立場で春のキャンプで各球団との対談を8人ほどやるんだけど、「江夏さんだから話をする」ということはたくさんあって、書いていいことと、書いてまずいことの判断はしている。その仁義だけは守っているつもりだ。

岡田　今はもう選手がマージャン自体しないですもんね。私が現役のときは、遠征先のホテルに娯楽室が用意されていて、電動のマージャン台があったじゃないですか。もうありませんからね。みんなテレビゲームで満足してますわ。

江夏　もう少し担当記者と選手が近づいてもいいなとは思うけど、最近は担当記者というのは、年々代わるからね。これは社の方針もあるんだろうけど、選手から見ると、また代わったのかとなって社名と名前が一致せんよね。相手を理解し自分を理解してもらうにも時間がかかるからね。選手側が、それを面倒臭いと思うと、もう適当でええやとなるから。でもこれは記者にとってもマイナスだと思うんだよね。もっと相手の選手を理解した方が、いい原稿を書けると思うんだけどね。野球で技術的な原稿を書く人は本当に少なくなったもの。今日は何食ったとか、そんなことくらいしか書けない。

岡田　江夏さんが体験したような記者の時代と比べると、まともにはなったんでしょうけれど、まともになった分、あまり野球を勉強してませんね。

江夏　自分たちの時代がすべていいとは言わないけど、記者の人に野球で説教されたもんね。「お前なんちゅうピッチングしとんじゃい」って素人に偉そうに言われた（笑）。でもそれは素直に聞けたんだよね。今は、そういうことを言う人はいない。昔は、各社に1人や2人は、そういう名物記者がいたものよ。私のオールスターの9連続奪三振の記録にしても、狙おうと考えたきっかけは、記者との「オールスターで作られていない記録って何やろう？」という会話やからね。記者に、そういう記録的なことを教えてもらって、やってみようと思ったんだ。

岡田　今は、記者の側から「どうですか、こうですか」と、聞くばっかりですよ。たまにちょっと鋭い質問が来るときもあるんですけどね。その時は「お前ちゃんと野球を考えているんやな。ええとこに目つけたなあ」と答えるんですけどね。

江夏　よう考えとるということは、よう見てくれているということやね。

岡田　監督のときに心がけていたのは、情報をできる限りすぐに公開するということなんです。隠していても探そうとしてくるんですからね。歴代、隠そう、隠そうとしていることが悪い方向に出ていました。だから選手の故障の情報にしろ、何にしろ、できる限り公開はしましたね。

江夏 チームの勝ち負けに関わってくる情報は表に出さない方がいいだろうが、別に隠すことのない情報もある。そこだよな。

岡田 それと阪神のマスコミの最大の問題は、ちょっとしたことを大きく取り上げてしまうことで選手の方が勘違いしてしまうんですよ。先日は、某テレビ局が若手特集をやるので協力して下さいとなって「誰を扱うの？」と聞いたら、林威助と桜井広大《さくらいこうだい》なんです。もう、この2人は若手とちゃいますよ（笑）。林は30歳。桜井はまだ26歳ですが、PLを出てプロ9年目。中堅の部類でしょう。なので、テレビ局に説明してその企画の内容を変えてもらったんですけどね。本当なら桜井なんてクビになってもおかしくない選手ですよ。たった1年、ホームランを9本打っただけで持ち上げすぎだと思うんです。

江夏 そこはマスコミの責任もあるよな。

岡田 持ち上げすぎなんですよ。

江夏 スポーツ新聞も、ちょっと活躍すると、もう神様のように書いてしまうところがあるからね。やっぱり書かれた選手は気分がいいから気が大きくなる。そういう傾向は、広島や名古屋という地方の球団にも多かったんだけど、阪神にも、そういう面は往々にしてある。勘違いという面では、私は、この十数年間、仕事で12球団を回らせてもらっているけれど、一番礼儀作法ができていないのは阪神だね。まともに挨拶《あいさつ》ができないからね。巨人でも内海みたいにカネさん（４００勝投手の金田正一）を知らん奴もおるけどね。でも私が巨人のキャンプに行ったら、ちゃんと頭を下げるからね。阪神だけだもん。プッと目を逸《そ》らすのは。よっぽど私が阪神に煙たがられてるのかな（笑）。

岡田　それは本当に恥ずかしい話ですね。

江夏　これは選手だけじゃない。諸先輩の教えがいき届いていないんだろうね。某コーチを一度怒鳴りあげたことがある。改装する前の甲子園の2階の選手食堂で、私が先に飯を食っていたら、某コーチが、挨拶もせずに隣に座って知らん顔をしている。指導者がまともに挨拶ができないのだから選手ができないのは当たり前かもしれんね。でも、なんでかなと思うよね。広島とか中日とかのほうが礼儀正しい。それはつくづく感じる。ＯＢとしては寂しいよね。勘違いしてる選手がちょっと多いんだよね。

岡田　勘違いで言えば、年俸の総額が12球団で阪神が一番高くなりましたよね。これには、びっくりしましたけれど……。でも、あれは外国人の年俸抜きの数字ですからね。

江夏　金本や下柳、新井とベテランで給料の高いのが占めてるからやろうね。でも、それは悪いことじゃない。それだけチームが勝っているということだから。

岡田　昔やったら考えられへんことですよね。今は年俸が本当に高くなりました。

江夏　世の中が不景気だ、不景気だと言われてる時代に野球界だけは、本当にありがたいことに恵まれてる。しかし、よく国税局も黙ってるなと思っている（笑）。よく話題になるけれど、外国人選手への年俸に新人選手への裏金の問題。裏金問題が表面化したときには具体的な数字まで出ていたよね。

岡田　野球界はまだバブルですよ。だってサッカー界は今や1億円プレイヤーがたった4、5人ですよ。落合が3億1千万円くらいで球界トップのときに、Jリーグができて、カズ（三《み》浦《うら》知良《かずよし》）は2億4千万くらいまでいってました。サッカーは、それが全盛期ですよ。

江夏　しかも、サッカーは選手寿命が短い。野球界は今も本当に天国だ。

――一番人気のある浦和レッズの選手・スタッフ人件費は年間28億円です。野球よりは人数が少なくて二十数人なんですけどね。阪神は日本人選手の年俸だけで35億ですもんね。

江夏　野球界は、恵まれてる時代だね。そのことを選手も自覚しないと。

第6章　岡田彰布の最強の打撃論

ローボールヒッターは成功する

指導者の技術的理論は、その人の野球体験に大きく依存する。私の打撃理論にしてもそうだ。私は、どちらかと言えばリストを利かしたローボールヒッターだった。強くそういうバッティングを意識したことはないが、高めのボールよりも低めのボールが好きだった。低めのボールはバットを払う感覚でなければさばくことはできない。低めのボールを強く打つとゴロばかりになるのだ。だから、リストワークが重大な鍵《かぎ》を握ることになる。

リストワークを強く意識させられたのは早稲田大での石山監督との出会いだった。安部寮という合宿所のお風呂場の浴槽には、石が沈めてあって、風呂に入りながら、それを持って手首を鍛えた。バットを8の字にグルグルと回すような手首を使った素振りもよくやった。石山監督は、ダウンスイングを一切、提唱されなかった。私は、この考えにずっと共感していて、ダウンスイングという言葉は最も嫌いな言葉の1つである。

つまり理想はレベルスイングである。「高めを上から叩け！」というアドバイスを、野球をやったことのある人なら一度は指導者に言われているのではないだろうか。けれど、これは私から言わせれば常識の嘘である。高めこそ『叩く』のではなく『払う』のだ。

これは、私がよくファームのコーチ、監督時代に『払う』というバットスイングをわからせるために使った手法だが、ティー打撃の途中で、ぽっと顔目がけてボールを投げてやる。すると咄嗟《とつさ》に危ないと感じて、打者は、そのボールを払うようにしてさばく。こういう咄嗟のタイミングではまず『叩く』スイングはしない。これこそが、高めの攻略方法である。当然、『払う』ためにボールを捉《とら》えるポイントも前に置くことになる。

　このレベルスイングは、構えたときのグリップの位置とも関係してくる。理想のグリップの位置はどこか。少し下品な表現になって恐縮だが、私が習ったのは、「雨の日に傘を差したまま用をたせ」だ。傘を差しながら、少し膝を曲げて用をたすときの、傘を持った位置が、一番楽な場所で、理想のグリップ位置である。一番自然に構えることができるということは、最もスムーズにバットが始動する場所だということだ。当然、この場合、肩より高く持つことはないだろう。逆に雨に身体が濡《ぬ》れるほど低い位置にも持たない。

　現在の鳥谷や新井のグリップ位置をよく見て欲しい。肩より上の高い位置にある。グリップが上がると、バットをその位置から振り下ろすことしかできず、レベルスイングがむずかしくなる。彼らの不調は決してこのグリップ位置と無縁ではないと思う。

　今季の勝負強さで言えば関本である。彼のグリップ位置に注目してもらいたい。肩よりは上にはない理想的な位置に置いている。

　実際にボールを捉えようと打ちに行き、バットが始動するときには、グリップは、ストライクゾーンより必ず上にある。その場所から払うようにレベルスイングを心がければ自然にヘッドは立ち、決して遠回りはしない。ヘッドが遠回りすることを嫌ってダウンスイング、ダウンスイングと人々は言う。だが、ボールをバットに当てる瞬間に、上から下へのスイングをすれば、大袈裟《おおげさ》に言えば斜めにボールに衝突するようにぶつかることになって、打球はポーンとフライになることが多い。現在、２軍監督である平田が、現役時代にエンドランがかかった時によくボールを上げていた。ゴロを打とう、ボールを転がそうと極端なダウンスイングを意識したため逆の効果となったのである。

　レベルスイングの重要さをあらわすようなおもしろい話が１つある。

　私が２軍監督時代にサンディエゴ・パドレスの指導マニュアルを手に入れたことがあった。メジャーは、指導方針やチーム方針に一貫性を持たせるため、こういうチームマニュアルを持つチームが少なくないと聞く。マル秘と書かれた１００ページくらいある冊子だったが、打撃論、守備論、戦術論など、いろんな分野、部門に分かれて書かれたもので、当時、2軍のコーチにも、コピーして配った。

時間をかけて、1つ1つを読んでいったのだが、その中に『エンドランのサインが出たらライナーを打て』という条項があった。元来エンドランのサインでライナーはタブーだ。走者はスタートを切っているわけだからライナーならば、走者は戻れないし併殺となってしまう。しかし、『ライナーを打て』という条項は、意識の問題なのである。

私は、2軍の試合で実際に、それを試した。ミーティングで「エンドランのサインが出たらライナー性の打球を打つことを心がけてみろ」と徹底したのである。結果は、驚くなかれことごとく成功した。実際はライナーではなく強いゴロになるのだ。「ライナーを打て」と指示されると、打球はフライにならず、みんな強いゴロになる。ようするにゴロではなくライナーを打とうとする意識が、スイングを自然にレベルスイングへと変えたのである。まさに無意識という意識である。たとえ、ライナーを狙った打球が本当にライナー性の打球になっても、なかなか野手の正面にはいかないものだ。

2軍という、まだ打撃技術が確立されていない段階の選手だから実験的に徹底できて成功した事例で、この手法は1軍では使わなかったけれど、この意識こそが、レベルスイングの重要度を物語っている。

理想のバッター像は藤田平

話は、私の早稲田大時代に戻るが、1年目の軽井沢での夏合宿。石山監督が、1年から4年まで全員に「プロ野球で誰が一番いいバッターと思うか」と聞いて回ったことがある。王さん、長嶋さん、張本《はりもと》勲《いさお》さん……そういう名前が出ていたが、私は、阪神ファンで他のチームの選手は眼中になかったから「藤田《ふじた》平《たいら》さんです」と言った。すると、ずっと黙って聞いていた石山さんが、そのときだけ「そうや。藤田平が一番ええバッティングしている。上からドスンではなく、ボールをバットに張り付けて運ぶような理想の打ち方をしている」と言った。少しバットを寝かした構えから、本当にレベルスイングでボールを運ぶようにして打つ藤田さんのスイングは理想的だった。

ただ、レベルスイングを意識するあまり、2学年上になる江川さんには弱かった。1年春に江川さんから代打で2塁打を放ったことが、早稲田大で抜擢《ばってき》されるきっかけにはなったのだが、高めのストレートを空振りばかりしていた。昭和52年の春のリーグで4試合連続ホームランの6大学記録のかかった試合、江川さんに4タコだったと記憶する。大学3

年の時の江川さんが、プロに入って対戦したあらゆる投手を含めて最も速く感じた。

２軍のコーチ、監督時代に感じたことだが、低めに対応できるローボールヒッターの方が伸びるし、好打者も多い。イチローは、典型的なローボールヒッターだし、巨人の坂本、ヤクルトの青木《あおき》宣親《のりちか》もそうだ。現在は、練習環境が整っているから、打撃マシンを利用していくらでもバッティング量を消化することができる。マシンの真っ直ぐを練習することで高めの克服はできるのだ。だが、低いボールへの対応は、打撃マシンではできない。低めに対応のできている打者の方が、成長しやすいのは、そういう理由だ。

北陽高では木のバットからスタートした。金属バットが導入されたのが、２年の夏の大会からである。金属バットは苦手だった。バットにしなりがないから、打球にドライブがかかって飛ばなくなった。珍しいかもしれないが、私は木のバットの方が打球は飛んだのである。バットにボールがひっつく感覚、乗せる感覚がないと嫌だった。

今は、金属バットの影響からか高校からドラフトで入ってくるバッターの打ち方が全体的に悪い。野球を始めた少年野球時代から金属バットを使っているから、バットをダウンスイングでボールに衝突させるような金属バット打法がなかなか抜けないのだろう。ウエイトトレーニングでガンガン上半身のパワーをアップして、ガーンとぶつけるようなスタイルが、高校野球の世界では盛んのようだ。阪神もドラフト指名した日ハムの中田翔《なかたしょう》外野手は、その典型だ。ニュースで空振りシーンを見ただけで詳しくは語れないけれど、巨人の大物ルーキーの大田《おおた》泰示《たいし》内野手も金属から木のバットへ慣れるのに最低1年はかかるのではないかと思った。

　これは意識の問題だが、私は、野球教室などで「ボールの赤い縫い目を狙って打て」という話をする。ホームランを打った後のバットを見たら、大体、ミートポイントにボールの縫い目がついている。縫い目をミートすると打球は確かに飛ぶのである。ゴルフボールのディンプルや、ラフからのフライヤーと同じ原理だと考えてもらえればわかりやすい。フェイスとボールの間に草が挟まって空気が入ると飛ぶのだ。硬式ボールは革がツルツルの部分と、赤く浮き上がった１０８つの縫い目の部分に分かれているが、この縫い目の部分がバットに乗ると、ボールにグリップ力が増して回転するのである。

　ただ、私自身は、長距離打者ではないと自覚している。大学時代は、当時の東京6大学歴代2位となる通算20本のホームラン記録を作ったけれど、長距離打者ではない。プロに入ってもホームランを意識したことはなかった。

　あの85年の巨人戦で槙原から打ったバース、掛布のバックスクリーン3連発の時は、確かにホームランを狙って打ったけれど、これは稀《まれ》なケース。ほとんどは狙っていない。ホームランは狙って打てるものと違うのだ。

岡田流の読み。「初球は振らない」

私は、じっくりと配球を読んで打つタイプだった。基本的には、真っ直ぐ狙いで、変化球に対応するというスタイル。「速いか」「遅いか」で配球を読んだ。バッターボックスの中では、できる限り無駄な情報は排除せねばならない。シンプルな思考ほどいい。2軍で指導する立場になったときも「速いか」「遅いか」の2つでいいと教えた。「遅い」には、カーブもスライダーもフォークもある。もちろん投手によるが、平均的にはスライダーが130キロ前後、カーブで125キロ前後。その対応の差は、微々たるものである。ここを細かく考えだすと、バッティングにならない。私は配球は読むけれど、完全な山張りはしなかった。コースへの意識は外だけにあった。インコースにストライクは来ないと考えていたからだ。打席でのチャンスは一度だけだと考えていた。私には、ファウルでカットする技術はあまりなかったので、狙い球は、1ストライクだけだった。

1軍のミーティングで一度、配球論を語ったことがある。初球のボールは投手側からすれば何を投げるかの選択は無限に近い。あえて球種を絞れば基本的には５種類ある。ストレート、スライダー、カーブ、シュート、フォークの５種類だろう。点差に、走者のあるなしに、前の結果。そういうシチュエーションによって変わってくるのだが、１ストライクを取られると、これが４つくらいに減る。２ストライクに追い込まれると、さらに２つか３つにまで減る。ウイニングショット、及び、バッターが苦手とするボールになる。私は、これを狙っていた。これはバットマンの本能なのかもしれないが、私は相手投手の一番いいボールを打ちたかったのである。

　だから初球は、ほとんど見逃した。よく失投を見逃すなと言うけれど、マイナス思考である私は、失投はないものだという心構えでいた。だから、ど真ん中でも見逃したことがある。今は、初球から平気でど真ん中に来る時代だから、一概に、このやり方がいいとは思わないし、相手のウイニングショットを絞り込んで打つというのは、技術が伴わないとできない打撃法だ。なかなかそういうバッターはいないのかもしれないが、私は、そういう感覚で打っていた。データを調べる人にこんな話を聞いたことがある。２００本以上ホームランを打った打者で、２ストライク後のホームランは、私が一番多いそうだ。初球を振らずに相手のボールを絞っていく配球の読み方だから、当然の結果だった。

最終章　プロ野球界活性化への提言

プロアマの壁の氷解と3軍制の導入を

――プロ野球の将来についてうかがいたいのですが。

江夏　将来性と言えば大事なのは2軍の育成システムだな。

岡田　昔に比べたら、だいぶ、よくなってきたんとちゃいますかね。私は2軍監督をしていましたが、高卒の若い選手を育てるのはやっぱり面白いですよ。ただ、これと目をつけた選手は、それを言葉にせずとも区別して英才教育をせねばならないと思っています。

江夏　最近の新しい流れは育成選手だよね。巨人の山口とか松本哲也《まつもとてつや》がそう。彼らが活躍することで、プロ野球に新しい1ページを作ってくれた。

岡田　阪神には育成部門がありますが、私は3軍まで作ったほうがええと思うんですよね。3軍同士で試合させないと。練習だけでは成長はしません。やっぱり実戦ですよ。育成選手を増やすなら試合も増やす必要があります。ようやく四国・九州アイランドリーグや社会人チームと交流試合をするようになったけれど、もっと試合を増やしていいんじゃない。

江夏　実戦をやらないとね。そこはもっと考えていい部分だよね。

岡田　それこそが長期的ビジョンでしょう。サッカーにはU―19とかU―17とかあって、それぞれの年代別で実戦ができるやないですか。

江夏　練習ばっかりでは選手も励みにならんしね。当然練習は大事なんだけど、それを試せる実戦は必要だよね。私は、育成選手枠というのはいいルールだと思っている。これをもっと広げて、支配下登録の70人を80人にしてもいいんじゃないかな。球団にとっては経営面で大変かもしれないけど、3軍というシステムを作ってもいいよね。

岡田　絶対に3軍は作るべきなんですよ。私はNPBの調査委員会の委員というものに任命されています。オフの調停などの際に意見を聞かれるのですが、今年の2月の宮崎キャンプで加藤良三《かとうりようぞう》コミッショナーに日本料理店に呼ばれて話をする機会がありました。その時も言ったんです。「3軍制が必要ですよ」と。プロ野球はサッカーの組織を見習うべきですよ。各チームがユースを持っていて、プロもアマも壁がないじゃないですか。プロ野球が高野連といつまでもいがみあっていたら、絶対に下の組織が強くなれません。サッカーにユースやサテライトの組織があるように、プロ野球も3軍を作ればいいんです。

江夏　そのためには高野連がもっと変わらないとね。高野連がお固いことを言っているようでは先がない。過去の経緯はわかるけれど、もうちょっと柔軟性を持って欲しいな。もっと高校生が自由に動けるようなシステムや規約を作って欲しいね。サッカーにはサッカー留学があるんだから。野球はだめだというのはおかしいと思う。まだサッカーの方がそういうところはグローバルというか。オープンだよね。

岡田　韓国なんかは、プロアマの垣根がないから、プロが母校で教えたりして技術が上がるし、代表チームも強くなっています。ここは絶対に大事やと思うんですよ。指導者講習会のようなものを時々やるんですが、本格的な野球経験を持った指導者が少ないんです。指導者は、今は日体大出身が多くなっていて、一概には言えないでしょうが、とことん野球をやってきた指導者じゃないので、底辺のレベルアップにはなかなかつながりにくい。プロが指導できるように垣根を取り払わねばならないと思うんです。まだ、母校で野球を教える規約が以前よりは緩くはなりましたが、現在のルールでは、プロ経験者は義務教育の段階までしか教えられません。一番伸びる時期が、中3から高校ですよ。ここが大事な時期やないですか。体力もつくし技術も伸びる時ですよ。なのにこの世代に教えることができない。ここでしっかりした指導を受けないと上達は遠回りしますよ。

江夏　私がメジャーに挑戦した時、キャンプに入る前にロスのハイスクールを使わせてもらって練習したんだけど、そこにはドジャースのメジャーリーガーが来ているわけよ。憧れの選手が来ると、みんな見る目が違うものね。あれを見て、ああいいなあと思ったね。日本では、プロアマ協定にひっかかって、そんなことできないじゃない。

岡田　そこなんですよね。高野連の会長と親交が深い早稲田の先輩の奥田《おくだ》裕一郎《ゆういちろう》さんに、「(高野連の本部のある) 中澤記念会館に来い」と誘っていただくんですけどね。なかなか足を向けにくいものです。高校野球は難しいですよ。一度、野球留学、優待生徒を全面中止にするような問題が出ました。これは、東大目指して灘高に行くのと同じ発想ですよ。夢じゃないですか。甲子園に出場したいために野球留学するわけですから、それは認めていいと思っていたんですよ。

江夏　元プロ選手が高校野球の監督になるルールに関しては、若干緩くなってきた部分もあるけど、もうちょっと考えて欲しいよな。星野さんが中日監督の時代に、落合は1軍のオーストラリアキャンプを辞退して国内の2軍で調整したことがあったよね。私は、キャンプに激励に行って「おお楽していいよなあ」と声をかけたら、あいつが真剣に怒った。「2軍選手が自分を見つめてる目がどれだけ熱いか。絶えず若い人から見られているから手が抜けないんですよ。1軍でキャンプを張ってるより、ある意味しんどいですよ」と。

「ああなるほどな」と思ったね。自分の一挙手一投足がいかに注目されているかということを実感して、改めて自分自身を見つめ直すことができたわけだよね。私は、とんでもない思い違いをしていた。あのときの落合の言葉は、私の中で強烈に残ってるのよ。プロがアマと交わるというのは、まさにそういうことでしょうよ。

岡田　そういうプラス効果は絶対に出てきますよね。3軍を作って全国行脚すればいいんですよ。支配下登録選手の制限人数の撤廃は私が選手会長の時からずっと提案していることです。04年の近鉄とオリックスの合併問題の時、私は、10チームになって1リーグになってもええと考えていました。その代わりに各チームが3軍を持てばいいんですよ。当時は、まだ3軍のネーミングライツに名乗りを上げる企業もありました。今は景気は悪いですが、例えば中日で言うならば、2軍は、トヨタドラゴンズ、3軍は松坂屋ドラゴンズでいいじゃないですか。2、3軍は、新潟、鳥取、島根などの地方を回って試合をするんです。それと必ず1日は、その地域で野球教室を実施する。そういう地域密着の活動を地道に続けてやれば、底辺のレベルが確実に上がっていきますよ。今、四国・九州や北信越、関西に独立リーグができていますが、これは、やっぱり違いますねえ。プロの3軍でなければドラスティックには動いていきませんよ。

WBCの功罪

――WBCの後に観客動員数は、セパ共に増えましたが、一方で日米にまたがって出場選手の故障が続出という事態になりました。

江夏　主力を持っていかれて、指導者にとっては、いい迷惑だったんじゃないかな。

岡田　松坂なんか完璧《かんぺき》にWBCの影響ですよね。早い段階で無理して身体を作っているでしょう。3月5日開幕ですから、例年に比べて約1か月も前倒しですよ。野手で言っても青木なんかは前半はあまり活躍してませんよね。

江夏　ファンの方は素直に喜んでくれたと思うけれど、選手にとってはマイナス面が多かっただろうね。野手も大変と思うけれど、ピッチャーはもっと大変だよね。しかもボールが違うということもあるしね。慣れもあると思うけど、相当神経を使ったんじゃないかな。

――江夏さんが、メジャーに行かれたときは、ボールはどうでした？

江夏　大きさと重さは一緒なんだけど、違和感があるんだよね。ようするに、しっかりと糸で締めて縫われていないからね。これは、ここまでしてきた議論じゃないけれど、マウンドの高い低い、ボールの硬い軟らかいと一緒で、それに順応せんといかんのだけどね。

初めはどうしても違和感があるわね。それと松坂はフォームが悪いよね。突っ立って腕だけで投げている。プレート板を踏んでからの彼独特のリズムがなくなっている。おそらく下半身が弱いんじゃなくて下半身を使って投げていないんだよね。膝があれだけ立ってしまうのは鍛え方が弱いのかな。よく言われるように肉がつきすぎたことは原因ではないと思うんだけど、軸足の右足が弱くなっている気はするな。ピッチャーにとって真っ直ぐの力を生み出すのは軸足、変化球のキレを生み出すのは踏み出した方の足やからね。

岡田　明らかにフォームがおかしいですものね。

——イチローも終わってすぐに胃潰瘍《いかいよう》になって開幕は故障者リスト入りしました。

江夏　あれは胃潰瘍じゃないらしいよ。

岡田　私もその情報は聞きました。なんか手首を故障しとったらしいですね。

江夏　ＷＢＣについては、周りも喜んだし、マスコミも騒いだけれど、やってる人たちにとっては大変だった。各チームの選手をもっていかれた指導者たちも迷惑をしたんだから開催時期も含めて、ここはいろんな面を考え直すことが必要やろうね。

ＭＬＢへの選手流出問題

——WBCは、メジャーの品評会的な意味合いも濃いと聞いています。実際、前大会でMVPをとった松坂や福留《ふくどめ》孝介《こうすけ》もあれからメジャー移籍しました。日本の人気スターがメジャーに流出していく状況については、どんなご意見をお持ちですか？

江夏　個人が夢を追いかけることは悪いことじゃないね。ただ、ある程度日本で実績を残した選手が行くのはいいけど、社会人の選手がプロ野球を通り越していきなり向こうへ行くのはどうかと思うし、それを許している日本のプロ野球機構はなんとかしてほしいね。これからのためにもね。

岡田　新日本石油の田澤《たざわ》純一《じゅんいち》が今回、日本のドラフトを拒否する形でメジャーに行きましたが、あれはあかんでしょう。日本のドラフトには制限があるのに向こうはフリーですからね。これがまかり通ったらそらどんどん向こうへ流れますよ。絶対にあれはやったらあかんと思うんです。これまでは日本球団が獲得意思を示しているアマチュア選手については、メジャーは交渉しないという日米の紳士協定があったのに破られたわけでしょう。実際、田澤が日本球界入りを拒否していなければ、確実に指名する球団がありましたよ。

江夏　選手が夢を持つのはいいことだけど、今はビジネスで行ってるからね。ほんとに夢をもって行ったのは野茂だけでしょう。後は金目当てになっているからね。

岡田　単純に1・5から2倍に年俸が上がりますからね。

江夏　だから日本のコミッショナーには防波堤になってほしい。完全にストップするんじゃなくて、何らかの対策を考えてほしいね。

岡田　機構は結局、ドラフト指名を拒否して外国球界でプレーして日本に帰ってくる場合、高校生は帰国から3年間、大学、社会人は2年間はドラフト指名を凍結するというペナルティを決めました。でも、それは抑止力になりますかね？　あれをまかりとおしたらあかんと思うんですよ。

——井川を出したときは岡田監督も苦渋の決断だったんでしょうね。

岡田　2年くらい前から「行きたい、行きたい」と言ってましたからね。もう最後は「阪神代表としてメジャーに行ってこい」と言いました。戦力として井川が抜けるのは痛かった。でも逆に阪神にもメジャーへ行くような選手が出てきたんやと考えたんです。

江夏　ＦＡでなくポスティングシステムでの移籍だったから、ヤンキースからの移籍金が入って室内練習場やクラブハウスもよくなったしな（笑）。

岡田　30億円ももらいましたから（笑）。

江夏　ヤンキースで結果を出せていないのが残念だけど、彼が残した功績は大きいね。

——もし岡田監督が続投されていたら藤川をメジャーに行かせてましたか。

岡田　いやいや。藤川はメジャーに行きませんよ。

江夏　もう今の状態じゃ、日本の球界でもどうかわからん（笑）。

岡田　去年のオフでした。これから契約更改に行くというときに、電話があって「一応フロントにはメジャーへ行きたいと言います」とは、言っていたけど、今回は本音の部分では、そういう気持ちは、もうなかったみたいですよ。

江夏　彼とある企画で対談した時には「メジャーへ行きたい」とハッキリと言っていた。そういう夢をもつのは悪いことじゃない。そういう夢を持って行きたいというチャレンジを止めるわけにいかんからね。

岡田　私も、そこのところは江夏さんと同じ意見です。行かせてあげればいいんやと思います。そういう時代の流れですからね。

1985年メジャー挑戦裏話——江夏豊

岡田君との対談でも語っているが、野茂が夢を求めてメジャーに旅立ち日米間の壁をぶち破ってから、今ではビジネスとして選手がメジャーへ挑戦する時代である。私は、野茂が挑戦する10年前の85年にミルウォーキー・ブリュワーズのスプリングトレーニングに参加したが、そもそもメジャーに挑戦をするつもりなどまったくなかった。

　移籍4球団目となる西武で「野球人生は終わった」と、本当にスッキリと決断を終えていたのである。引退発表直前に記者連中と遊びで草野球してから出かけたほどだ。今でこそ日本球界だけでなくアメリカ、韓国、台湾などにプロとして野球のできる選択肢が広がっているが、当時は、考えることもできなかった。マッシー村上らがメジャーでプレーしたが、これも球団同士の交換留学生のような形で実現したもので、アメリカで野球をやることは夢のまた夢だった。日米野球は1年間隔で開催されていて、私や王さんらは、「アメリカで通用する」なんていうコメントはもらっていた。しかし、日米にしっかりとしたルールもない時代に、それは結局、社交辞令に過ぎず、天下のＯＮでさえアメリカで野球をやれるチャンスがなかった時代だ。

　私は引退後、すぐに小学館の「週刊ポスト」誌上に連載を持つことになった。その取材旅行としてアメリカのテキサスで行われたメジャーのウインターミーティングに行かせてもらった。その時に、ブリュワーズの国際部長を務めていたレイ・ポイントベントに「ミスター江夏にプレゼントをしたい」と声をかけられた。ポイントベントは、日本に外国人助っ人を送り込む窓口となっていた親日家で、私のピッチングを何度も見ていたという。一体何のプレゼントかと問うと「メジャーにチャレンジ出来るチャンスをあげたい」というのだ。よくよく聞けばポイントベントは「まだまだ江夏は日本でやれるのに」という思いがあったらしい。

　メジャー契約が約束されていたわけでなく、キャンプ参加からメジャー権利を獲得せねばならないサバイバルレースへの参加を許可されただけだったが、私は真剣に悩んだ。南海にトレードを通告され「野球を辞めるか、移籍を呑《の》むか」と悩んで以来の、答えを出すのが難しい問題を与えられた。自分で一旦《いったん》消えた情熱をもう一度繋ぎ合わせるというのにも時間がかかった。今でこそ46歳の工藤公康《くどうきみやす》や41歳の下柳が平気で投げている時代だが、36歳の私は、年齢的、体力的にもやれるかどうかという不安もあった。もちろん英語も喋《しゃべ》れない。いろんな葛藤《かっとう》に思い悩んだ。

「せっかくもらったチャンスだからワンチャンスにかけて行ってやろう」

　私は、アリゾナ・ピオリアで行われたミルウォーキー・ブリュワーズのスプリングトレーニングに参加した。「サムライ・イーナッツ」と地元新聞にも報道されるなど、オープン戦で無失点を続け結果を出し続けた。1人、また1人と、ロッカーから選手が消えていく。

そういう弱肉強食の世界の真っ只中で、私は、最後の１人をカットする段階まで残った。私か、テッド・ヒゲラというメキシカンの若い投手か。２人のうち１人が落ちる。

４月２日。非情なカットを宣告されたのは36歳のオールドルーキーの方だった。

「将来性のある若い選手を取らざるを得なかった。だが、もう少し頑張っていかないか。２Ａからやってみないか。１Ａから指導者として勉強する道もある」

メジャー行きを最後の最後でカットされた私に、ＧＭは次なるチャンスを指南してくれたのだが、私は、もう完全燃焼してしまっていた。レジー・ジャクソンとも真っ向勝負して打たれた。そこで私は納得していた。おそらく、マイナーから再チャレンジしていれば、絶対にメジャーに昇格する自信や手ごたえは持っていた。でも、「もういい。そこまで未練を持ちたくない」という気持ちの方がいつのまにか勝っていた。もし、あの85年にチャレンジを続行していれば、野茂が大リーグに渡るまで10年の空白はなかったかもしれない。でも、すべては終わったことである。私は、野茂がドジャースの一員となってサンフランシスコ・ジャイアンツ戦に、メジャーデビューしたとき「本当によく行ってくれた。本当に頑張ってくれた」と感無量の気持ちを抑え切れなかった。

これからの球界改革

岡田　ＦＡの問題も見直す必要がありますよね。でも期間を縮めるのならドラフトの逆指名、自由枠は絶対に作ったらいかんですよ。球団を入団時とＦＡ時の２回選択できるようになるんですからね。藪の年代が逆指名の最初の年代なんですけど、この年代のＦＡは認めたらいかんとずっと言っていたんです。そうせんとめちゃくちゃになってしまっているやないですか。ドラフトの逆指名はなしにして、現行のＦＡ資格の「８年で国内移籍ＯＫ」、「メジャー移籍は９年」でいいんじゃないですかね。

江夏　都合のいい時だけメジャーを参考にするからね。日本は日本のやり方があるんだからね。日本の野球界のためになる協約、規約を作らないといけない。

岡田　ＦＡを短縮するのならドラフトは以前のような完全ウェーバーでええと思います。

江夏　入り口を広げるのも出口を広げるのもいいけれど両方を広げたらあかんね。ますます混乱してくるんじゃないかな。

岡田　選手の平均寿命が延びてるのにＦＡを短縮したら何回も選択できるようになります。これはおかしいですよ。

江夏　２回目のＦＡ、３回目のＦＡなんてものを考えているとわけがわからなくなる。

岡田　2回目のＦＡを保留にしとけば毎年どっか行ける権利があることになるんです。

江夏　そうなると人的補償、見返り選手の問題もあるよね。

岡田　見返りの人的補償についてもプロテクトは28人になったんです。新井のときもプロテクトする選手のマルは私がつけました。最後の2、3人なんか、獲られるとわかっているけど人数が限られているから、もうしょうがない。狩野にマルをするか、赤松《あかまつ》真人《まさと》にマルをするのかに迷いました。広島は狩野を欲しがっているという情報もありました。赤松にマルをしなかったら絶対に獲られるというのもわかっていました。例えば金本にマルをつけずにおいておくという戦略も考えられました。広島が5億円プレイヤーを獲るやろうかと（笑）。3億円くらいなら出すという情報も入ってきていました。もし今岡にマルをつけんかったら獲りにくるだろうか。そんなことばっかりを考えていました。赤松は、正直、獲られるのはわかっていましたが、28人の枠となると、しょうがなかったんです。だから工藤が見返りの人的補償で横浜に獲られるなんてことも出てくるんですよ。

江夏　そのあたりも整理する必要があるよね。

岡田　西武も石井《いしい》一久《かずひさ》をＦＡでヤクルトから獲得したときに人的補償で福地《ふくち》寿樹《かずき》を獲られている。これは大きいですよ、せっかく自分のところで育てた選手が簡単に出てしまう。

このあたりのルールがこのままでいいのかどうなのか。議論は必要ですよね。

江夏　そのためにも野球界が好きで野球人が好きな人にそれなりのポストに就いてほしいよね。コミッショナーは選手たちをまとめている頂点なんだから、そういう立場のコミッショナーが天下りで決まるようじゃどうしようもないということだよ。ずっと前からそうでしょう。それで2、3年コミッショナーをやったら野球殿堂入りするって、これは何なんだろうな。野球を愛している、野球界をよくしようと本当に思ってる人がそういうポストに就かないとダメでしょう。政治の世界じゃないんだから、野球界は。

岡田　そうですね。でも、今は、加藤オーナーと仲のいい王さんが、サブ的な立場に就かれていますよね。

江夏　私は昔から最後はコミッショナーは王さんでしょうと言ってるけどね。でも王さんは健康問題があるからね、無理はできない。

岡田　そうなんです。王さんも健康面で不安があるからコミッショナーは無理でしょうけど、補佐的な仕事ならできるんじゃないですか。そこで意見をしっかりと出して欲しいです。野球界をよくするためにね。

江夏　豊（えなつ・ゆたか）
1948年、奈良県生まれ。67年に大阪学院高から阪神入団。不動のエースとして一時代を築く。76年に南海へ移籍後、ストッパーに転向。広島、日本ハム、西武と渡り歩き「優勝請負人」と呼ばれた。85年には大リーグにも挑戦した。実働18年で206勝158敗193セーブ、防御率2.49。最多勝２回、最優秀防御率１回、最優秀救援投手５回、MVP２回、沢村賞１回。現在はデイリースポーツ等で評論家として活躍中。

岡田彰布（おかだ・あきのぶ）
1957年11月、大阪府生まれ。80年に早稲田大から阪神入団。強打の２塁手として人気を博す。94年にオリックスへ移籍。実働16年で1520安打、836打点、247本塁打、打率.277。新人王、ベストナイン１回、ダイアモンド・グラブ賞１回。オリックスのコーチ、阪神の２軍監督などを経て2004年、阪神監督に就任。05年は優勝に導いた。08年に勇退。現在はデイリースポーツ等で評論家として活躍中。

なぜ阪《はん》神《しん》は勝《か》てないのか？
——タイガース再建《さいけん》への提言《ていげん》

江《え》夏《なつ》　豊《ゆたか》　岡田《おかだ》彰布《あきのぶ》

二〇〇九年九月十日　初版発行

発行者　井上伸一郎
発行所　株式会社角川書店
東京都千代田区富士見二—十三—三
〒一〇二—八〇七八
電話／編集　〇三—三二三八—八五五五

発売元　株式会社角川グループパブリッシング
東京都千代田区富士見二—十三—三
〒一〇二—八一七七
電話／営業　〇三—三二三八—八五二一
http://www.kadokawa.co.jp/

装丁者　緒方修一（ラーフイン・ワークショップ）
企画協力　スポーツタイムズ通信社
印刷所　暁印刷
製本所　BBC

角川oneテーマ21　A-106

ISBN978-4-04-710206-4 C0295